4차 산업혁명, 미래를 바꿀 IT 트렌드

Saito Masanori 지음
이영란 옮김

미래를 내 편으로 만드는 기술

정보문화사
Information Publishing Group

4차 산업혁명,

미래를 바꿀 IT 트렌드

초판 1쇄 발행 | 2017년 07월 25일
초판 2쇄 발행 | 2020년 04월 15일

지 은 이 | Saito Masanori
옮 긴 이 | 이영란
발 행 인 | 이상만
발 행 처 | 정보문화사

편 집 진 행 | 노미라

주   소 | 서울시 종로구 동숭길 113
전   화 | (02)3673-0037(편집부) / (02)3673-0114(代)
팩   스 | (02)3673-0260
등   록 | 1990년 2월 14일 제1-1013호
홈 페 이 지 | www.infopub.co.kr

I S B N | 978-89-5674-746-0

이 책에서 사용한 모든 도표는 파워포인트 프레젠테이션 자료로 다음 웹사이트에서 다운로드하여 무료로 이용할 수 있습니다.
사내의 연구회나 기업 자료, 고객에 대한 제안서 등의 자료로 활용하기 바랍니다.

● 정보문화사 홈페이지(http://www.infopub.co.kr) 자료실

제4장 앞으로의 상식을 직접 만들어 내는 방법

끝내며   231

들어가며

IT가 성과의 원동력이 되는 시대

'자율 주행으로 전환합니다' 고속도로에 진입하여 자율 주행 모드 스위치를 누르면 핸들이 내 손에서 떨어져 대시보드 안으로 들어간다. 목적지에서 가장 가까운 인터체인지까지는 한 시간 정도 남았다. 그동안 밀린 메일을 처리하자.

좌석을 뒤로 젖히고 태블릿을 꺼낸다. 그러자 품질관리 부장으로부터 '긴급회의를 열고 싶다'는 메시지가 들어온다. 곧바로 온라인 회의 화면을 열면 생산기술부와 생산관리부 직원들이 이미 각자의 자리에서 회의에 참여하고 있다.

'무슨 일이지?'라고 하니 오늘부터 출하하기로 되어 있는 신제품 일부에 품질 기준을 못 미치는 제품이 있어서 어떻게 해야 할지 판단을 내려달라는 것이었다. '원인은 배터리 불량입니다. 어제 오후 제조 로트에 불량 배터리가 섞인 것 같습니다' 최종 검사 장치 센서가 이상을 감지했기 때문에 다행히 출하 전에 발견한 것 같다.

'대상 제품의 배터리를 교환하고 재검사할 경우 출하에 대한 영향을 시뮬레이션했더니 오전만 라인을 정지시키면 영향은 거의 없을 것 같습니다. 그런데 생산기술부에서는 완벽을 기하고 싶다고 해서 다른 로트에 대해서도 확인하는 것이 좋겠다고 제안해 왔습니다. 최악의 경우 신제품 출하를 하루 연기시켜야 하고, 이미 주문한 고객에게는 영업부가 사과 메일을 보내야 합니다' 일이 성가시게 되어 버렸지만 사운이 걸려있는 신제품이기도 하니 지금은 서두르는 것보다 만전을 기하는 쪽이 좋을 것 같다. '시간이 걸려도 철저히 조사하도록'

즉시 앞으로의 생산 계획과 수지에 대한 영향을 시뮬레이션 해 봤다. 이 정도면 괜찮을 것 같다. 다행히도 작년부터 생산을 시작한 신공장은 다양한 센서로부터 취득한 데이터를 사용하여 어디에 있든 공장의 모습을 손바닥 안처럼 알 수 있게 되었다. 게다가 진척 상황이나 품질 데이터는 인공지능이 바로 분석하여 계획이 바뀌어도 즉시 최적의 작업 순서 변경과 공정을 재편성하여 부품 재료를 조달해 주므로 트러블이 있어도 영향을 최소한으로 억제할 수 있다. 사람의 손은 들지 않으며 정확하다.

'그럼 바로 착수하겠습니다' 품질관리부장이 그렇게 전하자 회의에 참여했던 직원들이 화면에서 나간다. 오늘은 일정을 변경해서 선후책을 검토하는 것이 좋겠다.

'오늘 일정을 알려줘' 태블릿에 말하자 하루의 일정을 표시해서 읽어준다. 다행히 어떻게 잘 해결될 것 같다.

'14:00에 대전 공장으로 이동한다. 원래 스케줄은 모두 취소하고 관계자에게 통보하도록' 태블릿은 '알겠습니다'라고 대답하고 스케줄을 변경한 후 관계자들에게 정중한 문구로 메일을 보낸다.

'잠시 후 고속도로를 빠져나와 일반도로로 진입합니다. 자율 주행 모드를 해제하므로 준비해 주시기 바랍니다' 핸들이 대시보드에서 나온다. 나는 핸들을 다시 쥔다. 아, 오늘은 긴 하루가 될 것 같다.

2020년에는 이러한 일상이 현실화될지도 모릅니다.

자동차의 자율 운전은 이미 영화 속 이야기가 아닙니다. 근래 몇 년 안에 실현될 기술로 준비가 착실히 진행되고 있습니다. 또한 온라인 회의나 원격 근무(remote work)도 당연히 이루어질 것입니다.

공장의 인텔리전트화나 자동화도 고도로 발전하고 있습니다. 불과 몇 년 후에 이런 미래가 기다리고 있는 것입니다.

그 외에도 다음과 같이 '지금까지의 상식을 바꿀' 노력과 시도가 진행되고 있습니다.

- 결제, 융자, 해외 송금 등 기존 금융 기관의 주 수익원이었던 업무가 스마트폰에서 소액의 수수료로 즉시 이루어진다.

- 항공기의 제트엔진이나 건설기계, 자동차 타이어를 만드는 제조업체가 상품을 서비스로 제공하고 사용 시간이나 이용 내용에 따라 요금을 부과한다.
- 특별 주문품을 일반 주문품과 똑같은 금액과 납기로 제공한다.
- 원격 근무로 육아를 담당하는 여성 노동을 활용하거나 사원의 노동 생산성을 향상시킨다.
- 개인의 자가용을 택시나 택배 배송에 사용할 수 있도록 한다.
- 개인 주택을 숙박용으로 빌려준다.

이러한 일들의 원동력이 되는 것이 바로 IT입니다.

'IT는 어렵고 전문 지식이 없으면 이해하기 어렵잖아요?'

분명 기기의 선정이나 시스템 구축의 경우 전문 지식을 가진 사람에게 맡길 수밖에 없습니다. 하지만 IT는 지금 우리 일상이나 회사, 비즈니스에 깊이 관여하여 지금까지의 상식을 급속히 바꾸려 하고 있습니다. 그런 시대에 IT가 불러일으키는 새로운 상식은 어떤 것이며, 왜 필요로 하는지, 어떤 가치를 창출하려고 하는지와 같은 것을 미리 알아두면 미래를 대비할 수 있습니다.

설령 자세한 기술적인 것은 모르더라도 비즈니스 시책이나 전략을 그리기 위해 필요한 기초지식과 최신 동향은 사회인이라면 누구나 이해할 수 있습니다.

'그럼 어떻게 해야 좋나요?'

그런 여러분에게 '첫 번째 책'이 되는 것이 이 책의 목적입니다. 이 책을 읽어갈 때 IT에 대한 전제 지식은 필요 없습니다. 최신 사례를 들어가며 알기 쉬운 그림과 문장, 체계적인 해설로 설명을 하고 있으므로 분명 잘 이해할 수 있을 것입니다. 또한 이 책에서 사용하는 도표들은 모두 파워포인트 데이터로 정보문화사 홈페이지 자료실에서 다운로드하여 무료로 이용할 수 있습니다. 자신의 공부나 동료들 간의 연구회 또는 경영 회의나 사업 회의의 자료로 자유롭게 이용할 수 있습니다.

이 책은 다음과 같은 독자에게 분명 도움이 될 것입니다.

- 사업이나 경영을 변혁하고 싶다고 생각하는 분
- 똑같은 일을 하는 직장에서 새로운 도전이 필요한 직장으로 이동/이직한 분
- 사회인이 되었을 때 다른 사람보다 한 발 먼저 앞서 가고 싶은 취업준비생

IT는 우리의 일상에 더욱 깊이 관여하여 비즈니스는 IT와 하나가 되어 갈 것입니다. 그런 IT를 내 편으로 만들 수 있다면 여러분의 가능성은 더욱 커질 것입니다. 그러기 위한 방법을 이 책을 통해 발견하기 바랍니다.

– Saito Masanori

제1장

새로운 가치는 어떻게 창출되는가?

지금까지 불가능했던 일이 차례로 실현된다

곧 다가올 새로운 일상 풍경

아침에 일어나서 스마트폰으로 Facebook 앱을 열고 친구들과 대화를 즐기거나 사진을 보며 시간을 보낸다. 그런데 오늘 일정이 어떻게 되지? 스케줄을 확인한다. 오후부터 영업 회의가 있었지. 자료 준비를 해야겠다고 리마인드 앱에게 '오전 중에 영업 회의 자료 작성'이라고 말을 하면 '등록되었습니다'라는 대답이 돌아온다.

아침을 먹고 나갈 준비를 한다. 지하철 안에서 스마트폰으로 메일을 확인하고 답장이 필요한 메일에 체크 표시를 해 둔다. 그럼 이제 오늘 뉴스를 살펴볼까? 하고 뉴스 앱을 열면 내가 관심 있는 기사와 업무와 관련된 기사 목록이 표시된다.

'대한물산과 청운산업 경영 통합' 뭐? 대한물산? 내 담당 고객이잖아. 이건 좀 더 자세히 알아보는 게 좋겠어. 뉴스 기사를 탭해서 체크 표시를 한다.

사무실에 도착하여 컴퓨터를 열면 '인증되었습니다'라는 여자 목소리가 들린다. 최근에 얼굴로 인식하는 기능을 도입한 덕분에 번거롭게 ID나 비밀번호를 입력할 필요가 없어서 편하다.

'영업 회의 자료 작성을 시작하십시오'라는 메시지가 표시되어 있다. 잊어버리지 말아야지. 하지만 출근 중에 '답장 필요' 체크 표시를 해 놓은 메일에 답장을 먼저 하자. 자료 작성은 그 다음이다.

영업 회의에서는 이번 달 계획과 진척 상황을 보고해야 하지만 그건 이미 SFA(Sales Forces Automation: 영업 활동 상황을 등록 및 보고하기 위한 시스템)에 등록해 두었으니 그걸 보여주기만 하면 된다. 문제는 정우공업에 대한 제안 전략에 대해 설명해야 하는데…

'정우공업의 재무 상황을 조사해 줘' 컴퓨터에게 말을 건다.

'정우공업의 과거 3년간 재무 상황과 이번 분기의 예측을 표시하겠습니다' 그런 대답과 함께 재무 상황을 그래프로 깔끔하게 정리하여 표시해 준다.

'다른 경쟁사와 비교해 줄래?' 그러자 동종업계에서 규모가 비슷한 3사의 재무 상황을 비교해 주는 그래프가 표시된다. 정우공업은 다른 동종업체와 비교해서 영업 이익이 상당히 낮은 것 같다.

'정우공업의 영업 이익이 낮은 원인이 뭐지?' 이런 질문에 가능성이 있는 원인이 세 가지 표시된다. 질문을 계속해서 고객이 어떤 제안에 흥미를 보일지 생각해 본다.

'됐다, 이걸로 가자. 비슷한 제안 사례를 몇 개 픽업해 줘' 컴퓨터는 '알겠습니다'라고 대답하고 지금까지의 제안 사례에 순위를 붙여 3개 리스트업해 준다.

'이건 꽤 쓸만하네'라고 하면서 자료를 훑어보고 두 번째 자료를 시안으로 제안서를 마무리하기로 했다. 먼저 제시된 자료를 검토해 시안을 만들자. 오늘 회의는 이걸로 어떻게든 될 것 같다.

회의도 무사히 끝나고 다시 컴퓨터를 열면 교통비를 정산하라는 통지가 도착해 있다. 깜빡 잊어버리고 있었는데 2주일분 정도 밀려 있다.

컴퓨터의 카드리더에 교통카드를 갖다 대자 지금까지의 이동 이력을 바탕으로 경비 정산 목록이 자동으로 표시된다. 새로운 방문처도 있으므로 데이터를 수정하고 '승인 신청' 버튼을 누른다. 내일이면 입금될 것이다.

이제 고객의 주문 상황을 확인해 놓자. 최근에는 인터넷으로 주문하는 것이 일반화되어서 담당 고객의 주문 상황을 확인하고 문제가 있는 것에만 액션을 취하면 된다.

고객의 희망 납기일을 맞출 수 없는 주문이 2개 정도 있는 것 같다. 바로 최단 납기일을 확인한다. 이건 연락을 해 두는 것이 좋을 것 같다. 즉시 고객에게 전화하여 상황을 전달했다. 다행히 급한 것은 아니라서 괜찮다는 답변을 받았다.

시간이 좀 생겼으므로 '확인 필요' 목록을 연다. 그러자 출근 도중에 체크한 '대한물산과 청운산업 경영 통합'이라는 기사가 맨 위에 표시되어 있다. 관련 기사와 재무 상황 등도 함께 표시되어 있고 요약도 정리되어 있다.

흠, 그렇군, 이건 직접 이야기를 하는 것이 좋을 것 같다. 바로 대한물산의 담당자에게 약속을 잡고 싶다는 메일을 보낸다.

오늘은 조금 이르지만 아들의 숙제를 봐주기로 약속을 했으니 좀 일찍 퇴근하자.

내일 일정을 확인하고 리마인드 앱에게 할 일을 이야기한다.

오케이, 이제 집에 돌아가자.

지금까지의 상식이 단숨에 파괴된다

이와 같은 광경은 앞으로 몇 년 안에는 당연한 것으로 받아들여질 것입니다.

- 친구와 가벼운 대화나 연락
- 뉴스 체크와 정보 수집
- 전자메일과 스케줄 관리
- 주문과 출하 준비
- 고객 정보의 분석과 제안 자료의 작성

IT는 우리가 평소 사용하는 자연스러운 말을 이해하고 필요한 정보가 자신과 연결되어 언제 어디서 어떤 디바이스를 사용하든지 '나를 위해 정리된 정보'를 볼 수 있게 해 줍니다.

이미 IT는 우리 생활과 비즈니스에 침투하여 우리가 의식하든 하지 않든 상관없이 다양한 서비스를 우리에게 제공해 주고 있습니다.

앞으로의 상식
사람과 사람 간의 디지털한 연결
개인 자산의 공유
지역을 초월한 실시간성
IT
Information
Technology
정보 기술
인터넷
클라우드
인공지능
소형화, 고성능화
가격 파괴
IT 리터러시의 향상
지금까지의 상식
사람과 사람 간의 실제 연결
규모 및 자산에 의한 경쟁력
지리적 거리나 시간의 제약

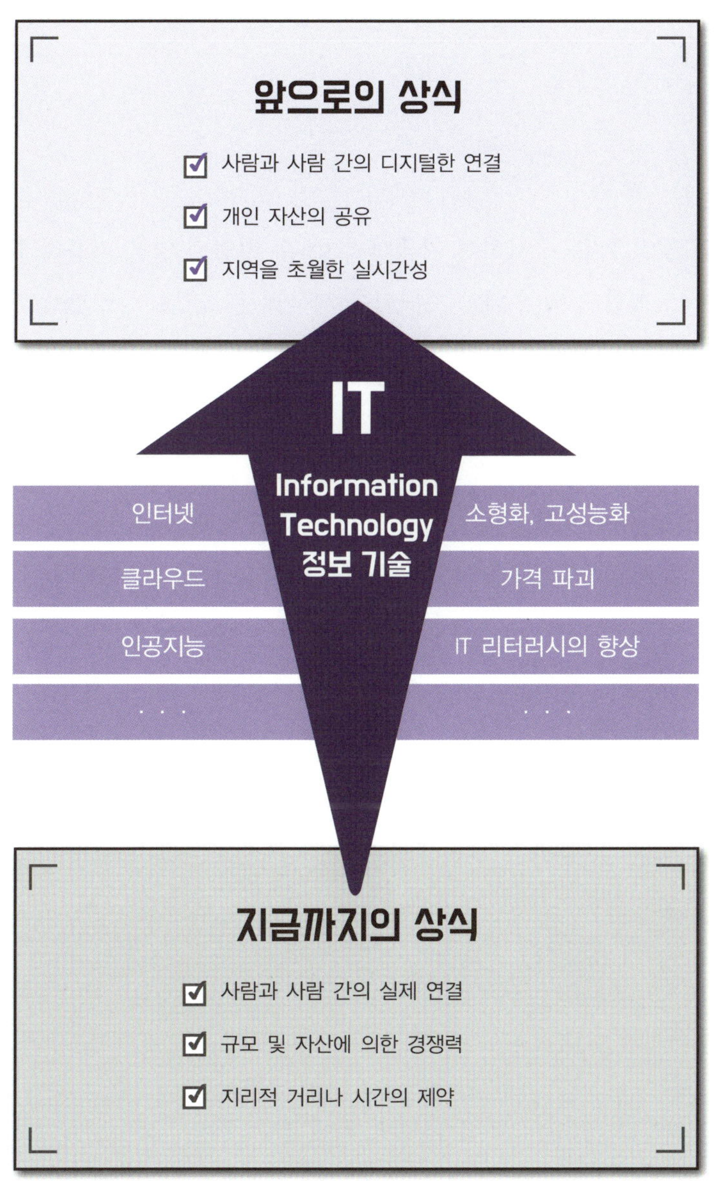

[상식 붕괴의 시대]

이와 같은 IT를 구사하여 지금까지 할 수 없었던 일을 가능하게 하고 압도적인 경쟁 우위와 차별화를 꾀하려는 기업도 등장했습니다.

- 자신의 취향에 맞는 옵션과 도색을 한 자동차를 일반 판매 자동차와 똑같은 가격과 납기일로 제공해 주는 자동차 업체
- 지금까지의 주문 이력을 바탕으로 그 사람의 취미와 기호를 분석하여 추천 상품을 소개해 주는 온라인 쇼핑 서비스
- 은행의 예금 잔고나 카드 회사의 결제 예정 정보를 인터넷과 연결하여 자동으로 가계부를 써주고 인공지능이 자금 조달을 조언해 주는 서비스

한편 이런 일들을 못하는 기업은 경쟁력을 잃어 갈지도 모릅니다. IT를 내 편으로 만들 수 있는지 없는지가 기업 생존의 열쇠가 될 것입니다. 현재 IT는 지금까지의 상식을 단숨에 파괴하려 하고 있습니다.

IT의 네 가지 역할

앞에 나온 사례에서 소개했듯이 IT는 경영과 업무 실천을 지지하는 기반으로 빼놓을 수 없는 존재가 되었습니다. '비즈니스가 IT와 하나가 되었다'고 해도 좋을 것입니다. 하지만 아직도 'IT는 도구에 지나지 않는다'고 말하는 사람이 있을 정도로 IT 본래의 역할을 제대로 이해하지 못하고 있는 사람이 많은 듯합니다.

우선 비즈니스에 있어서 IT가 어떤 역할을 하는지 정리해 보겠습니다.

편리함 향상과 다양성을 떠받치는 '도구로서의 IT'

IT는 일과 생활을 편리하게 만들어주는 도구로 사용되고 있습니다.

예를 들어, 스마트폰이나 태블릿을 사용하면 어디에서든지 연락을 취할 수 있습니다. 지도나 지하철 갈아타기 안내 앱을 사용하면 시간 낭비 없이 목적지까지 순조롭게 이동할 수 있습니다.

비즈니스
경영과 업무 프로세스
사상으로서의 IT
비즈니스의 변혁과 창조
장치로서의 IT
업무 프로세스의 효율화와 실천
상품으로서의 IT
수익 확대와 비즈니스의 성장
도구로서의 IT
편리함 향상과 다양성의 허용

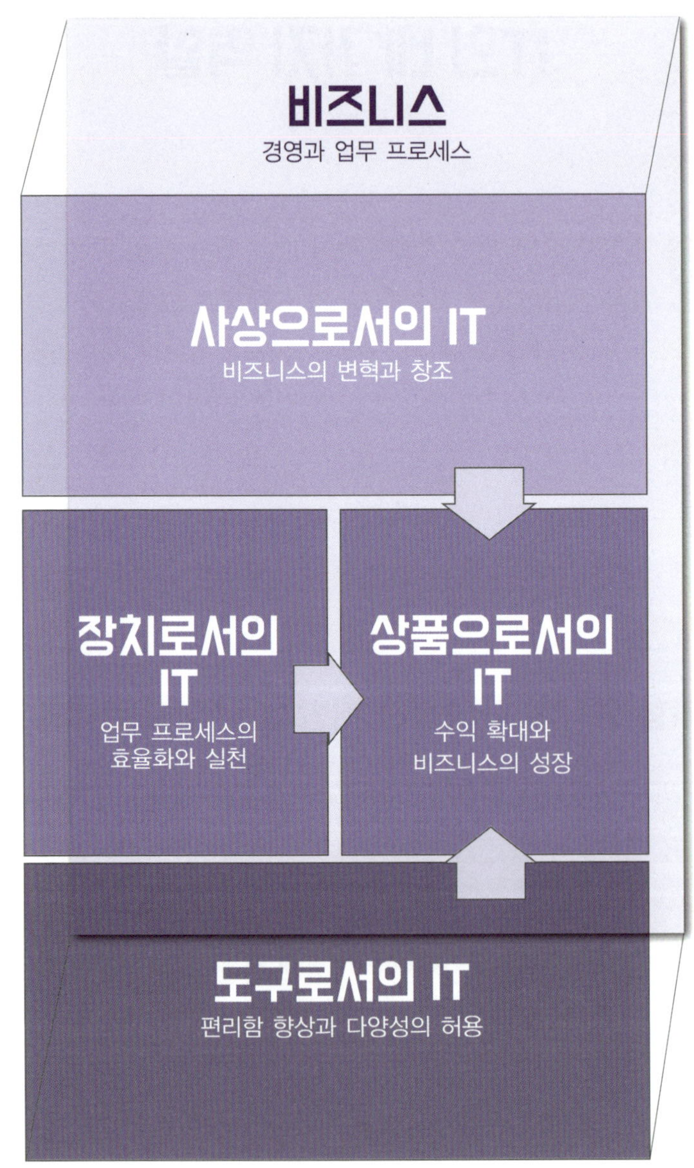

[IT의 네 가지 역할]

표 계산 소프트웨어나 워드 프로세서, 전자메일 등과 같은 오피스 소프트웨어는 일의 효율성과 질을 높여 줍니다.

장표나 표시 화면의 레이아웃을 화면에 그리면 자동으로 프로그램을 작성해 주는 개발 지원 툴도 있어서 이를 사용하면 프로그래밍을 모르는 업무 담당자도 정보 시스템을 개발할 수 있습니다.

이와 같은 '도구로서의 IT'는 IT 전문가에게 맡길 수 있는 IT입니다. 물론 비즈니스 현장에서 어떻게 사용할지 또는 사용의 편리성이나 기능 등은 그것을 이용하는 실무 현장 사람들의 평가에 귀를 기울여야 하지만 앞으로의 기술 동향이나 다른 제품 및 서비스와 비교한 코스트 퍼포먼스 등과 같이 전문가가 아니면 판단할 수 없는 일도 적지 않습니다.

효율과 품질을 높이는 '장치로서의 IT'

IT는 일의 흐름을 원활하게 해 주고 일의 효율을 높여 줍니다.

예를 들어, 업무 절차를 몰라도 주문 데이터를 입력하면 자동으로 처리되어 관계자에게 통지되고 창고에서 물건이 출하됩니다. 청구서도 자동으로 발행됩니다.

고객이 콜센터에 문의를 해 오면 걸려온 전화번호로부터 해당 고객의 이름과 과거의 문의사항이나 구매 이력이 표시됩니다. 전화를 응대하는 사람은 그 정보를 보면서 고객에게 신속하고 적절한 대응을 할 수 있습니다.

누가 어떻게 처리하는지를 몰라도 교통비나 경비를 컴퓨터 화면에 표시된 서식에 따라 입력해 가면 승인 처리부터 은행 계좌의 입금까지 자동으로 처리됩니다.

이와 같이 업무의 '장치'를 실현하고 비즈니스의 효율과 품질을 높이는 역할을 하는 것이 '장치로서의 IT'입니다.

원래 '장치(방법)'란 업무의 절차를 작업 단위 즉, '프로세스'라는 요소로 분해하여 시간별로 나열한 것입니다. 쓸데없는 프로세스를 생략하고 효율이 좋은 프로세스의 순서를 정해 누구나 사용할 수 있도록 표준화하고 그것을 컴퓨터 프로그램으로 대체함으로써 누구든 틀리지 않고 일을 진행할 수 있도록 해 줍니다. 경리나 인사, 수주, 조달, 생산, 판매 등 다양한 업무 프로세스가 프로그램으로 대체되어 왔습니다.

일단 프로그램으로 바뀐 '장치로서의 IT'는 사람과 같이 융통성을 발휘하지는 못합니다. 이를 역으로 이용하여 '장치로서의 IT'를 사용함으로써 표준화된 업무 프로세스를 업무 현장에 철저하게 익히게 해서 비용 절감과 품질의 안정화, 작업 시간의 단축을 실현합니다.

한편 IT가 멈춰버리면 일이 진행되지 않게 됩니다. 경우에 따라 경영이나 수익 또는 사회에 큰 영향을 줄 수도 있습니다. 예를 들어, 항공사의 좌석 예약 시스템이 멈춰버리면 비행기를 운행할 수 없어서 사회적 문제를 일으키게 됩니다. 월말에 은행의 결제 시스템이 멈추면 입금을 받지 못한 기업이 직원에게 급여를 지불할 수 없게 될지도 모릅니다.

만일 일의 효율을 높이거나 실수를 줄여 일의 품질을 높이고 싶다면 해당 업무 프로세스를 개선함과 동시에 그것을 움직이고 있는 IT도 재검토할 필요가 있습니다.

'장치로서의 IT'에는 경영이나 실무의 현장 사람들이 IT의 상식과 가능성 그리고 그 한계를 올바르게 이해하고 IT 전문가와 논의하면서 최적의 장치를 만들어 가는 것이 중요합니다.

변혁과 창출을 촉진하는 '사상으로서의 IT'

IT의 진화는 지금까지의 상식을 파괴하고 있습니다.

예를 들어, 고액의 기기를 구입하고 전문적인 스킬을 가진 엔지니어가 없으면 다룰 수 없었던 컴퓨터를 클라우드의 등장으로 월정액 몇천 원이나 몇만 원부터 간단히 사용할 수 있게 되었습니다.

기기의 동작이나 상태를 파악하려면 수십만 원에서 수백만 원은 하는 비싸고 큰 센서를 붙이고, 큰 컴퓨터를 가로로 배치하고 월 수백만 원하는 통신 회선으로 연결해야 했었습니다. 하지만 지금은 몇십 원에서 몇천 원 하는 센서를 와이셔츠 버튼 크기의 컴퓨터에 연결하여 월 몇천 원 하는 휴대전화의 회선을 사용하여 전 세계와 연결되어 있는 인터넷을 통해 다양한 사물의 동작이나 상태를 어디에서든 파악할 수 있게 되었습니다.

전문가의 경험이나 노하우도 인공지능으로 대체되어 누구나 인터넷을 경유하여 이용할 수 있게 되었습니다. 전문가 못지않은 내용이나 정확도로 조언을 해 주고 미래를 예측하여 정확한 판단을 내려주는 분야도 늘고 있습니다.

이와 같이 IT는 기존의 상식을 파괴하고 '예전에는 정말 영화에서
나 나올 법한 일 같았지만 지금은 간단히 가능한 일'을 계속 늘리
고 있습니다. 그런 새로운 상식으로 사물을 생각하면 지금까지와
는 다른 해석이나 발상이 생겨납니다.

이와 같은 '사상'이라는 역할을 IT가 담당하고 있는 것입니다. '사
상으로서의 IT'는 비즈니스를 변혁시키고 새로운 비즈니스를 창
출하는 원동력이 됩니다.

수익을 확대시켜 성장을 지지하는
'상품으로서의 IT'

IT는 그 자체가 상품이 되어 돈을 벌게 해 줍니다.

예를 들어, 스마트폰이나 컴퓨터에서 즐길 수 있는 온라인 게임은
무기나 아이템을 인터넷에서 판매하고 있으며, 보다 어려운 시나
리오에 대한 도전은 유료로 제공하고 있습니다.

온라인 쇼핑 사이트는 상품의 구색뿐만 아니라 이용자가 지금까
지 구매한 이력이나 취미와 기호를 분석하여 최적의 상품을 추천
함으로써 매출을 올리고 있습니다.

은행의 예금이나 결제, 금융과 같은 업무는 실제 현금의 이동이 아니라 통장 데이터를 덮어씀으로써 일어납니다. 그 데이터를 덮어쓸 때마다 수수료가 발생하고 은행에는 수익이 발생합니다.

이와 같이 IT를 구사하여 만든 정보 시스템이 상품이 되어 돈을 벌고 비즈니스의 성장을 떠받치는 것이 바로 '상품으로서의 IT'입니다. '상품으로서의 IT'는 해당 사업을 담당하는 사람들이 책임을 가지고 설계, 구축, 운용해야 합니다. 마케팅이나 영업도 깊이 관여할 것입니다. IT가 할 수 있는 일 없는 일, 그리고 IT가 불러일으키는 가치나 가능성을 깊이 이해하고 어떤 상품을 만들지를 기술적인 것까지 세세하게 논의해야 합니다. 설계, 구축, 운용의 실무는 IT 전문가에게 맡길 수 있지만 그 성과의 책임에 대해서는 사업을 담당하는 사람들이 짊어져야 합니다.

'상품으로서의 IT'는 이 장에서 이미 소개한 다른 세 개의 IT의 총집합체이기도 합니다.

- '사상으로서의 IT'가 가르쳐주는 앞으로의 상식으로 새로운 비즈니스 모델을 그린다.
- '장치로서의 IT'로 편리하고 효율적인 비즈니스 프로세스를 만든다.

- ‘도구로서의 IT’로 꼭 사용하고 싶게 만드는 편리성이나 외관을 실현한다.

이러한 노력과 시도가 매력적인 ‘상품으로서의 IT’를 실현해 주는 것입니다.

다음 장에서는 IT가 불러일으키는 새로운 상식이 비즈니스 현장을 어떻게 바꿔가고 있는지 살펴보겠습니다.

'상품으로서의 IT'가 태어난 역사적 배경

'상품으로서의 IT'는 수익을 낳는 IT입니다. 지금까지 없었던 정말 새로운 비즈니스 모델도 있는가 하면 이미 성숙된 사업에도 IT를 구사함으로써 새로운 가치를 창출하고 수익을 낳고 있는 경우도 있습니다.

IT 이용의 역사를 거슬러 올라가면 '도구로서의 IT'가 그 시작이었습니다. 급여 계산이나 제조업에서 부품표 전개 등과 같이 그때까지 사람이 주판을 튕기며 힘들게 했던 계산 업무가 컴퓨터 프로그램으로 대체됨으로써 효율성을 극적으로 개선했습니다.

그 후 청구서 발행이나 공장의 조립 작업 등과 같은 루틴 워크, 서류나 전표의 수수, 정보의 공유와 전달 등과 같은 일의 흐름(워크플로)으로 IT의 적용 범위가 넓어졌습니다. 사람이 하던 업무를 프로세스로 분석하여 쓸데없는 공정을 줄이고 표준화시켜 프로그램으로 대체하여 컴퓨터에게 일을 처리시키는 '장치로서의 IT'가 보급되어 갔습니다.

일단 프로그램으로 대체된 일의 절차는 사람과 같이 융통성이 있는 것이 아닙니다. 그것을 역으로 이용하여 '장치로서의 IT'를 사용함으로써 효율적이고 표준화된 업무를 현장에 철저하게 적응시켰습니다. 그리고 그 효과가 굉장해서 IT에 대한 수요가 더욱 확대되어 갔습니다.

IT 수요의 확대는 테크놀로지의 발전을 촉진시켰습니다. 인터넷이나 클라우드로 인해 언제 어디서든지 적은 비용으로 누구나 IT를 이용할 수 있게 되었고 사람이나 사물의 연결, 그리고 그 관계도 크게 바뀌고 있습니다. 인공지능이나 로봇의 발전은 지금까지 사람만 할 수 있었던 것을 기계도 할 수 있게 만들어서 사람과 기계의 역할 분담을 바꾸려고 하고 있습니다.

이와 같이 IT는 'IT'라는 닫힌 세계에 머무르지 않고 우리의 일상과 사회에 다양한 변화와 영향을 주는 '사상으로서의 IT' 역할을 가지게 되었습니다. 이에 따라 'IT와 하나 된 비즈니스'가 당연한 시대를 맞이하고 있습니다. '상품으로서의 IT'는 이런 시대의 변화를 지지 기반으로 하여 지금 큰 가능성을 만들어 내고 있는 것입니다.

['상품으로서의 IT'가 태어난 역사적 배경]

제2장

지금 세계의
최전선에서
일어나는 변화

{ 끊임없이 생겨나는 새로운 비즈니스 모델 }

물건을 팔지 않는 제조업

타이어를 팔지 않는 타이어 제조업체
건설기계를 팔지 않는 건설기계 제조업체
제트엔진을 팔지 않는 제트엔진 제조업체

이와 같이 지금까지의 상식으로는 생각할 수 없는 비즈니스가 등장하고 있습니다.

■ 타이어를 팔지 않는 타이어 제조업체

프랑스의 타이어 제조업체인 미쉐린은 운송회사를 대상으로 주행 거리에 따라 타이어의 이용요금을 청구하는 사업을 시작했습니다. 거기에다 연비를 아낄 수 있는 주행 방법을 인터넷을 통해 운전자에게 조언하거나 연비 절감을 위한 운전 연수를 실시하는 등 지금까지의 타이어 제조업체에서는 있을 수 없었던 사업에 발을 내딛었습니다.

이 서비스로 운송회사는 투자를 절감할 수 있을 뿐만 아니라 펑크로 인한 사고를 미연에 방지하고 운행 비용도 줄일 수 있는 등 경영 체질 강화에 도움이 됩니다.

■ 건설기계를 팔지 않는 건설기계 제조업체

대규모 건설기계 회사인 일본의 코마츠는 무인 헬리콥터(드론)로 건설 현장을 측량하고 그 데이터와 설계 데이터를 사용하여 건설기계를 자동으로 운전하여 공사를 하는 서비스를 제공하고 있습니다.

지금까지 숙련자에게 의뢰했던 정밀한 측량이나 어려운 공사를 경험이 얕은 작업자도 할 수 있기 때문에 인력 부족으로 고민하는 업계에 큰 도움이 되고 있습니다.

■ 제트엔진을 팔지 않는 제트엔진 제조업체

세계 3대 제트엔진 제조업체 중 하나인 영국의 롤스로이스는 제트엔진을 판매하는 것이 아니라 가스요금이나 수도요금과 같이 사용한 출력량과 시간에 따라 요금을 부과하는 사업인 'Power by the Hour'를 시작했습니다. 이 서비스로 고객인 항공사는 제트엔진을 구입할 필요가 없어지고 비행기를 운항했을 때만 사용료를 지불하면 되므로 비용 절감에 크게 도움이 됩니다.

이런 일들이 가능해 진 이유는 센서와 위성 회선을 사용하여 제트엔진의 가동 데이터를 세세하게 파악할 수 있게 되었기 때문입니다.

이 데이터는 요금 지불뿐만 아니라 엔진의 상태를 파악하는 데 도움이 되며, 고장이나 사고가 일어나기 전에 불량의 징조를 발견하고 사전에 점검과 유지 보수 작업을 할 수 있습니다. 그 덕분에 결항을 줄일 수가 있다면 고객인 항공사가 안정된 수익을 얻을 수 있으므로 제트엔진 제조업체는 고객의 신뢰를 확실히 얻을 수 있습니다.

또한 데이터를 분석함으로써 연비를 향상시키는 조종 방법이나 항로에 대한 조언도 할 수 있어서 컨설팅 사업이라는 새로운 사업에도 참가하고 있습니다.

서비스를 제공하는 롤스로이스도 점검 횟수를 줄일 수 있고 쓸데없는 부품 재고를 떠안을 필요가 없어지므로 비용 절감에도 크게 공헌하고 있습니다. 이로써 양쪽이 모두 WinWin(쌍방에게 다 좋은 것) 관계를 구축할 수 있는 것입니다.

이러한 일이 가능하게 된 것은 타이어나 건설기계, 제트엔진에 탑재되어 있는 센서나 GPS가 각각의 가동 상황이나 위치를 실시간으로 파악할 수 있게 되었기 때문입니다. 그 데이터는 휴대전화 회선이나 위성 통신을 사용하여 서비스 제공 기업의 정보 시스템으로 보내 분석하고 적절한 판단이나 조언, 기기의 제어를 자동으로 수행하는 장치가 마련되어 있습니다.

■ '팔면 끝'인 형태에서 '팔고 나서도 관계를 계속 유지'하는 형태로

고가의 제품뿐만 아니라 예전부터 사용해 오던 제품에도 IT를 사용하여 부가가치를 높여 고객을 확보하려는 기업도 등장했습니다.

사무기기 제조업체인 브라더스가 제공하는 인터넷 연결 프린터는 잉크가 떨어질 것 같으면 사용자를 대신해 온라인 유통업체인 Amazon에 알아서 주문을 해 줍니다.

미국의 가전 제조업체인 GE가 제공하는 세탁기는 세탁별로 필요한 세제의 양을 재서 세제를 투입합니다. 또한 언제 세제를 보충해야 하는지를 예측해서 스마트폰 앱에게 통지하고 Amazon에 주문하는 서비스를 시작했습니다.

Gmate의 혈당측정기는 스마트폰과 연동하여 혈당측정 센서를 제공해 주고 시험지 등과 같은 소모품이 떨어지면 보충해 줍니다.

앞으로의 제조업
판매 후에도 연속적·지속적으로 고객을 파악하여 관계를 유지
사용 상황을 파악 수집한 데이터를 분석하여 통찰 및 발견
판매
개발 및 생산에 의한 가치 창출
가치 교환
사용에 의한 가치 소비
고장의 예측과 사전 대응 소프트웨어 업데이트로 기능 개선, 성능 향상
구입
컨설팅이나 서비스 등 새로운 사업 가치의 창출 및 제공

지금까지의 제조업
판매
개발 및 생산에 의한 가치 창출
가치 교환
사용에 의한 가치 소비
구입

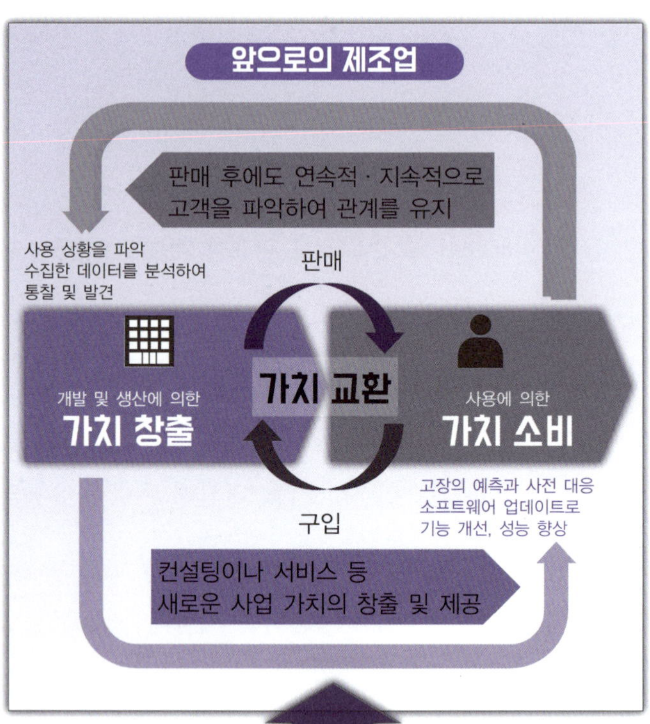

[제조업의 서비스화]

여기서 소개한 제품만 봐도 모두 옛날부터 사용해 오던 것입니다. 이런 제품들은 오랜 경쟁의 결과, 기능이나 성능면에서는 모두 완성도가 높아 '어느 것을 사도 똑같다'고 할 수 있을 정도로 차별화가 어려운 제품들입니다.

그렇지만 각 회사는 이용자의 편리성이나 추구하는 가치를 재검토하여 '물건을 서비스로서 제공한다'는 방법으로 새로운 매력을 창출하여 경쟁업체와의 차별화를 꾀하고 있는 것입니다.

'물건을 파는 것이 아니라 성과를 판다'

이렇게 바꿔 말해도 괜찮습니다. 이제 제조업은 좋은 물건을 만드는 것만으로는 살아남을 수 없는 시대가 되었습니다. '고장나면 뛰어가서 수리한다'는 지금까지 해오던 고객과의 관계만으로는 차별화가 어려워졌습니다.

그래서 자동 주문과 같은 부대 업무를 포함한 업무 대행이나 데이터 해석에 의한 고장 예측 등을 장기적이고 포괄적인 계약으로 제공함으로써 다음과 같이 '고객의 성과에 직접 공헌'하는 서비스로 사업의 형태를 바꾸려고 하는 것입니다.

• 고객의 다운타임을 최소화한다.

- 고객의 경비를 줄인다.
- 고객의 인력 부족을 해소한다.

'사물의 서비스화'라 불리는 이러한 움직임은 사물에 내장되어 있는 센서에 의해 사물의 상태를 데이터화하여 인터넷으로 보내는 장치인 IoT(Internet of Things: 사물인터넷)라는 기술이 토대가 되어 있으며 앞으로도 더욱 확대될 것이라 기대하고 있습니다.

제조업은 '만들어 팔면 끝'이라는 지금까지의 상식에서 '팔고 나서도 계속적으로 관계를 유지한다'는 새로운 상식으로 크게 바뀌어 가고 있습니다.

기존의 업계 질서를 파괴하는 쉐어링 이코노미

수요와 공급을 중개자 없이 직접 연결함으로써 지금까지는 없었던 사업이 등장했습니다.

■ 택시 업계를 파괴하는 운송 서비스

Uber라는 운송 서비스가 있습니다. 스마트폰에 Uber 앱을 설치하고 차가 필요할 때 앱을 실행하면 가까이에 있는 자동차를 호출해 줍니다. 이것이 가능한 이유는 스마트폰에 내장된 GPS(위치 정보를 취득하는 센서) 정보를 사용하기 때문입니다.

Uber가 택시와 다른 점은, 개인이 소유한 자동차라는 점입니다. 그리고 요금 지불도 앱에 등록해 놓은 신용카드를 사용하여 자동으로 일어나며 영수증도 자동으로 메일로 보내지므로 하차 시에 이용자의 수고를 덜 수 있습니다. 요금도 일반 택시보다 싸며 개인이 소유한 차라는 점에서 깨끗한 차가 많습니다.

보통의 택시는 택시 회사가 상당수의 자동차를 소유해야 하지만, Uber는 자동차로 이동하고 싶은 사람과 개인 소유의 자동차+운전수가 빈 시간을 매칭해 주기만 하는 것이므로 택시라는 자산을 갖고 있는 '택시 회사'가 필요 없기 때문에 적은 경비로 사업을 전개할 수 있습니다.

또한 승차 시간과 가동 상황을 실시간으로 취득하고 그 데이터를 분석하여 필요와 공급의 매칭 정확도를 높이고 가동률을 높여주므로 운전수에게 있어서는 택시 회사에서 근무하는 것보다 수입이 증가한다는 혜택도 얻을 수 있습니다. 그런 이유도 한 몫 해서 전세계 509개의 도시에서 서비스를 제공하고 있습니다(2016년 10월 기준).

한편 Uber는 지금까지의 택시 업계를 파괴하고 있습니다. 실제로 샌프란시스코 최대의 택시 회사였던 옐로캡은 Uber나 동종 서비스를 제공하는 Lyft로 인해 고객을 빼앗기고 운전수가 이런 서비스로 옮겨갔기 때문에 운전수 확보가 힘들어진 것을 이유로 파산 신청을 했습니다.

■ 호텔 업계를 파괴하는 숙박 중개 서비스

다른 업종의 참여로 새로운 경합이 일어난 곳은 택시 업계뿐만이 아닙니다.

숙박 중개 서비스인 Airbnb는 2008년 8월에 창업한 이래로 개인의 주택이나 성 등과 같이 전세계에서 독특한 숙박 시설을 인터넷에서 소개하고 스마트폰이나 PC로 예약할 수 있는 서비스를 제공하고 있습니다.

앞에서 소개한 운송 서비스와 마찬가지로 개인이 소유한 방이나 건물의 비어 있는 상황을 공유하여 거기에 묵고 싶은 사람을 인터넷을 통해 중개해 줍니다. 그 규모는 현재 세계 191개국 34,000 이상의 도시(2016년 10월 기준)로 확대되었습니다.

Airbnb의 직원은 수백 명 정도라고 하는데, 수만 명의 직원이 일하는 세계적인 대규모 호텔 체인보다 더 많은 객실을 제공하고 있습니다. 하지만 건물 및 시설의 보유나 유지 경비도 들지 않으며 경비나 청소를 위한 직원을 고용할 필요도 없습니다.

그렇기 때문에 비교적 싼 요금으로 묵을 수 있는 경우가 많으며 1,400개 이상의 성이 등장하는 등 보통의 호텔로는 맛볼 수 없는 독특한 체험을 추구하는 사람들의 이용도 늘고 있습니다.

또한 '자가 비용으로 설비를 늘리지 않아도 숙박 장소를 상품으로 확대시킬 수 있다'는 장점을 살려 사업을 확대하고 있습니다.

Airbnb와 같은 '묵고 싶은 개인'과 '손님을 받아서 수입을 얻고 싶은 개인'을 직접 연결하는 서비스는 이제 기존의 대형 호텔 체인이나 여행사에게 큰 위협으로 다가오고 있습니다.

■ 수요와 공급을 직접 연결하는 쉐어링 비즈니스의 등장

인쇄기를 놓아두는 것만으로는 돈이 되지 않습니다. 조금 저렴하더라도 자신이 사용하지 않는 시간에 다른 사람이 사용하게 하면 돈을 벌 수 있습니다. 인쇄하고 싶은 사람은 저렴하게 인쇄할 수 있기 때문에 서로가 이익을 볼 수 있습니다.

이와 같이 '저렴하게 사용하고 싶은 수요'와 '저렴하더라도 사용하게 하고 싶은 공급'을 인터넷을 통해 직접 연결한 것이 일본의 Raksul입니다. Raksul은 인쇄기 외에도 똑같은 개념을 적용하여 배송 회사 트럭의 '비어있는 공간'을 공유하여 스마트폰 앱에서 예약할 수 있는 서비스도 제공하고 있습니다. 그 외에도 다음과 같이 개인의 작은 수요와 공급을 직접 연결하는 서비스가 속속 등장하고 있습니다.

- 렌탈 스페이스를 소개하여 예약할 수 있는 Sheeps
- 자기 집의 주차장을 빌려 주는 akippa
- 개인의 레저용 보트를 빌리기 위한 Boatbound
- 옷장에 잠들어 있는 드레스와 같은 옷을 빌려주는 StyleLend

또한 앞에서 소개한 Uber나 Lyft와 같은 운송 서비스에서 '운전수로 일을 하고 싶지만 자동차를 갖고 있지 않은' 사람을 위해 개인 자동차의 대여를 중개해 주는 Breeze라는 서비스도 등장했습니다.

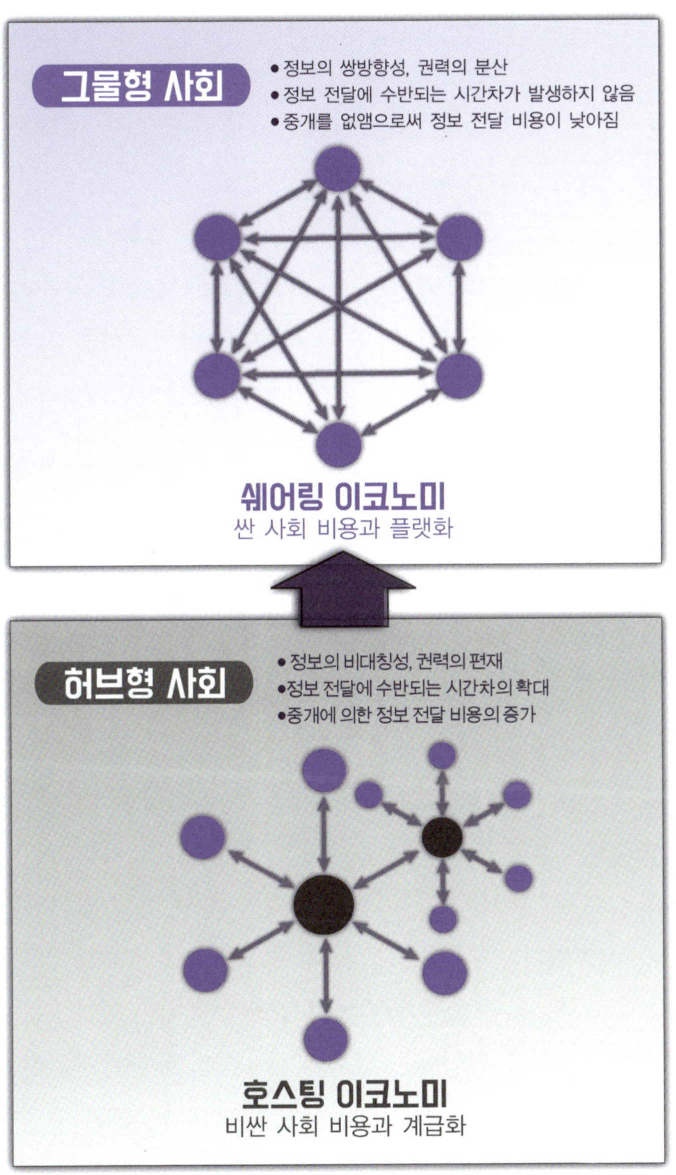

[허브형 사회에서 그물형 사회로]

스마트폰의 보급으로 어디에 있든지 인터넷을 사용할 수 있게 되었습니다. 그와 동시에 개인의 IT 리터러시(IT를 구사하는 능력)도 높아졌습니다. 그 덕분에 기업뿐만 아니라 개인과 관련된 수요와 공급을 직접 연결할 수 있게 된 것입니다.

이와 같이 서비스, 제품, 설비 등과 같은 유무형 자산을 공유하고 이용자가 필요할 때 이용하는 경제 구조인 '쉐어링 이코노미'가 확대되어 가고 있습니다. 쉐어링 이코노미가 확대되는 배경에는 다음과 같은 '미크로 공급'이 잠재하고 있기 때문입니다.

- 가게나 식당 등의 주차장은 영업일에는 가득 차도 정기휴일에는 사용하지 않는다.
- 개인 소유의 자가용은 평일에는 주차장에 주차된 채로 사용하지 않는다.
- 마음에 드는 옷이라서 버리기는 싫지만 항상 입는 것은 아니므로 옷장에 있다.
- 자동차로 3일 동안 출장가는 동안 주차장이 비어 있다.
- 기업의 회의실은 평일에는 업무에 사용하지만 휴일에는 아무도 사용하지 않으므로 비어 있다.

스마트폰이나 인터넷이 보급되지 않았더라면 이런 '미크로 공급'을 공유하여 수요와 연결하는 일은 불가능했을 것입니다. IT의 발전이 새로운 비즈니스를 만들어 낸 좋은 예입니다. 더욱이 '소비가 미덕'이었던 시대에서 자원을 아끼는 것이 미덕이 된 사회 분위기의 변화도 쉐어링 이코노미가 확대되는 큰 요인이라 할 수 있습니다.

'자신의 것은 자신을 위해서'라는 상식에서 '자신의 것은 다른 사람과도 나눈다'는 이런 새로운 상식이 경제의 한 메커니즘으로 정착해 가고 있습니다.

기득권 이익의 벽을 붕괴시키는 FinTech

규제가 많은 금융업계에도 테크놀로지를 무기로 새로운 비즈니스를 시작하는 벤처기업이 속속 등장하고 있습니다.

예를 들어, Amazon이나 Rakuten 등과 같은 온라인 쇼핑몰 사이트를 운영하는 기업은 자사 서비스에 출점하는 사업자에게 필요한 운전자금을 즉시 또는 그 다음날 융자하는 서비스를 시작했습니다.

지금까지 융자를 받으려면 결산 서류나 담보를 제출해야 하고 많은 시간과 노력이 들었습니다. 하지만 점포의 거래 정보를 온라인으로 모두 파악할 수 있다는 점과 결제를 자신들의 서비스 안에서 시행하기 때문에 자금의 흐름을 파악할 수 있게 되었습니다. 그래서 과거의 정보가 아니라 현재의 정보로 여신(신용을 부여한다는 뜻으로 금융기관에서 융자를 받을 수 있는 금액의 상한)을 심사할 수 있는 것입니다. 게다가 이 일은 사람이 하는 것이 아니라 인공지능에게 맡기고 있습니다.

융자뿐만 아니라 결제나 자산 관리, 금융 상품의 거래나 해외 송금 등 예전에는 은행이나 증권회사와 같은 기존의 금융기관이 수익의 주축으로 하고 있던 일을 최신 IT를 대동한 벤처기업이 낮은 수수료와 스마트폰으로 간단히 사용할 수 있는 서비스로 점점 등장시키고 있습니다.

■ 전자지갑(Digital Wallet)

신용카드와 같은 기존의 결제 수단과 연계하여 컴퓨터나 스마트폰을 사용하여 온라인으로 간단히 결제할 수 있게 해 주는 서비스입니다. 이 서비스를 사용하면 온라인 쇼핑을 할 때 사이트별로 매번 개인정보나 신용카드 정보를 입력하지 않아도 사용자명과 비밀번호를 입력하기만 하면 구입 및 결제를 할 수 있습니다. 대표적인 서비스로는 페이팔, 구글 월렛, 삼성 Pay 등이 있습니다.

■ P2P 렌딩

영국의 Zopa나 미국의 Lending Club은 돈을 빌리는 사람과 빌려주는 사람을 인터넷을 통해 연결시키는 대부업체입니다. 종래에 이런 업무는 은행이 했었지만 지금은 인터넷 기업이 참여하기 시작한 것입니다. 은행과 같은 금융기관을 거치지 않는 서비스로 주목을 받고 있습니다.

이 서비스는 수입과 거래 이력뿐만 아니라 소셜 미디어에 대한 발신 등을 인공지능으로 분석하여 돈을 빌리고 싶은 사람의 개인 신용을 확인하는 일까지 하고 있습니다.

■ 개인자산관리(PFM: Personal Financial Management)

'온라인 가계부'라고도 할 수 있는 머니 포워드는 은행이나 신용 카드, 증권회사나 연금 자산의 온라인 계좌 정보를 등록함으로써 수입 및 지출 데이터나 자산의 잔고 정보 등을 자동으로 취득하여 가계부를 작성해 줍니다.

■ 트랜잭션 렌딩

오랫동안 결제 대행 서비스를 해 왔던 GMO 페이먼트 게이트웨어 는 EC 사업자의 결제 정보를 파악할 수 있다는 입장을 활용하여 그 정보를 사용하여 융자 판단을 하고 EC 사업자의 운전 자금을 융자하는 서비스를 시작했습니다.

■ 로보 어드바이저

몇 가지 질문에 대답하면 구입해야 할 투자 대상의 포트폴리오를 제시해 주는 것입니다. 더욱이 그때의 가격 변동에 따라 매매 절 차를 조언해 주고, 운용 자산의 1% 정도의 연간 수수료를 지불하 면 그 절차 대행을 대신 알아서 운용해 주는 서비스도 등장했습니 다. 이러한 일은 인건비가 드는 전문가가 아니라 인공지능이 해 줍니다.

■ 전자 통화

인터넷 상에서 유통되는 통화는 물리적인 화폐나 동전을 발행하지 않는다는 점에서 '가상 통화' 또는 암호화 기술을 구사한다는 점에서 '암호 통화'라고 부릅니다. 대표적인 것으로는 비트코인이 있습니다.

디지털 통화는 통화의 발행이나 유통을 관리하는 사업주체나 국가가 없으며 중앙은행도 존재하지 않습니다. 미국 달러나 원화 등과 같은 현실 통화와의 교환은 웹 상에 있는 거래소에서 일어나지만 결제가 일반 금융기관을 통하지 않기 때문에 제반 경비나 수수료도 발생하지 않으며, 소액의 매매나 개인끼리의 거래가 편리합니다. 인터넷 상에서 유통하는 것을 전제로 하고 있기 때문에 특히 국경을 초월한 송금이나 결제에 이용되고 있습니다.

이와 같이 금융(Finance)과 테크놀로지(Technology)가 융합된 새로운 비즈니스 분야를 핀테크(FinTech)라고 합니다.

조달
융자(P2P 렌딩)
융자(소셜 렌딩)
융자(트랜잭션 렌딩)
유통
(전자지갑) 결제
송금
활용
개인자산 관리
투자 조언
은행 대리점
회계
경영 지원
기반
은행 인프라
디지털 통화
개인
기업

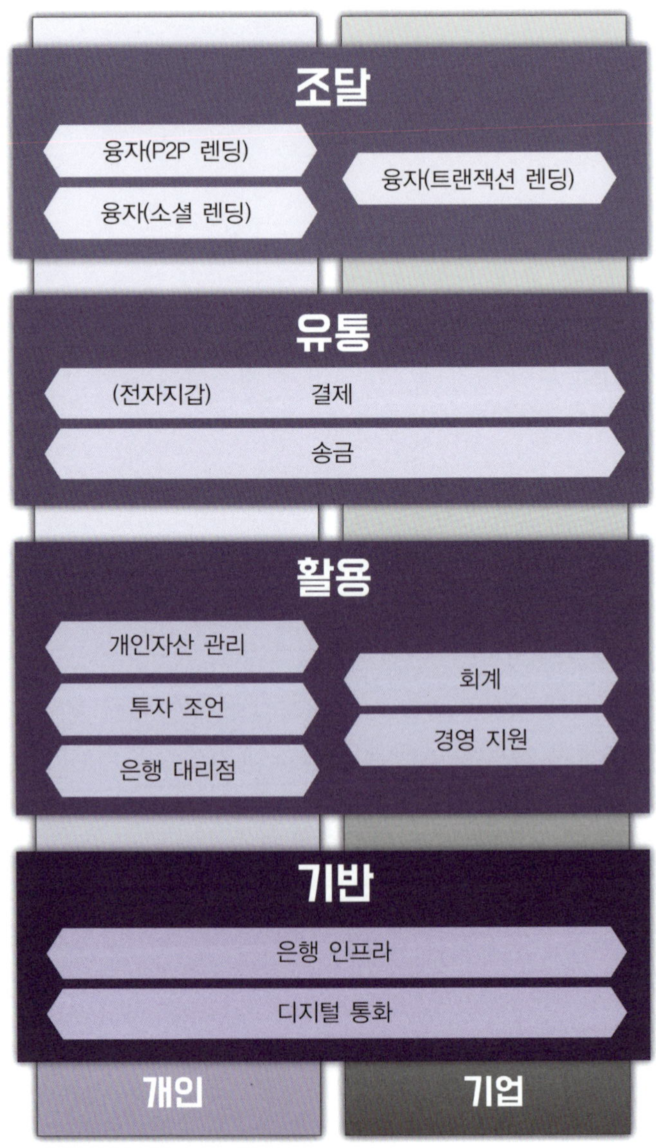

[FinTech]

돈은 우리 생활과 비즈니스에 있어서 빼놓을 수 없는 존재입니다. 돈을 빌려주고 빌리는 일, 결제, 통화의 유통은 안전성이 절대적으로 보장되어야 합니다. 그렇기 때문에 국가의 인증이나 장기간의 실적, 기업 규모와 같은 '권위'에 의해 구축된 '신용'이 이를 보증하고 있었습니다. 그런데 IT의 발전에 따라 다음과 같은 변화가 일어났습니다.

- 돈 거래를 실시간으로 파악할 수 있게 되었다.
- 소셜 미디어 등으로 개인이 실명으로 다양한 사고를 표명하거나 행동을 공개하는 등 돈을 빌리는 사람에 대해 자세히 알 수 있는 새로운 수단이 생겼다.
- 암호화와 익명성 기술이 발전하여 인터넷에서도 안심하고 안전하게 거래를 할 수 있게 되었다.

이와 같은 변화에 호응하여 좀처럼 바뀔 것 같지 않았던 은행이 잔고 조회, 입출금 명세 조회, 계좌 정보 조회 등을 인터넷을 통해 제공하기 위한 표준화 시도인 'BIAN(Banking Industry Architecture Network)'에 참가하여 정보를 제공하기 시작했습니다. 더욱이 그런 데이터를 분석하는 수단으로써 인공지능을 사용할 수 있게 되어 사람이 힘들여 데이터를 조사하지 않아도 신용 정도를 자동으로 평가할 수 있게 되었습니다. 이와 같은 장치에 의해 소액의 거래로도 충분히 이익을 볼 수 있는 비즈니스나 새로운 금융 서비스가 가능하게 된 것입니다.

금융기관에 서류를 제출하지 않아도 인터넷을 이용하여 신청을 할 수 있게 됨으로써 사용이 더욱 편리해져 이용자가 계속 확대되고 있습니다.

자금운용의 경우도 방대한 시장 데이터를 다양한 각도로 분석하여 개인의 요구에 세세하게 응답할 수 있는 인공지능이나 그것을 언제 어디서든지 보기 편한 화면에서 이용할 수 있는 스마트폰이나 웹 기술의 발전도 FinTech 비즈니스의 확대에 박차를 가하고 있습니다.

'안전하고 안심'에서 '편리하고 간단'이라는 가치를 이용자가 요구하게 되어 금융 분야는 지금 새로운 가능성을 찾아 크게 변화하기 시작했습니다.

{ 사람이 할 수 없었던 일을 가능하게 만드는 기술 }

과거에는 '비상식적'이라고 여겨졌던 일이 지금은 가능하게 되었거나 머지않아 실현될 일도 있습니다.

사람보다 뛰어난 능력을 발휘하는 인공지능

사람 이상의 능력을 발휘하는 인공지능(AI: Artificial Intelligence) 로봇이 등장했습니다. 그런 급속한 진화에 당혹해 하는 사람도 있습니다.

2016년 3월 구글의 인공지능 '알파고(AlPha Go)'가 바둑 세계 챔피언을 이겼습니다. 지금까지 체스나 장기 대전에서는 컴퓨터가 프로 기사에게 이기고 있었지만, 바둑은 체스나 장기와 비교해서 선택할 수 있는 수의 종류가 비교되지 않을 만큼 많아서 컴퓨터의 압도적인 계산 능력을 사용해도 최적의 수를 찾아내는 일이 어려웠기 때문에 '앞으로 10년은 이기기 힘들다'고 말해져 왔습니다.

바둑 대국에서는 '수 읽기'와 '형세 판단'으로 돌을 놓아갑니다. '수 읽기'란 '이렇게 놓으면 상대는 이렇게 놓아올 것이다'라는 예측을 말하고, '형세 판단'이란 돌과 돌의 배치나 전체적인 형태로부터 '이쪽이 우세하다'라는 형세를 판단하는 능력을 말합니다.

이러한 능력은 어느 정도 타고나는 '직감'이라고 할 수 있는데 탑 레벨의 프로 기사는 이 형세 판단이 빼어나게 출중하다고 합니다.

구글은 뛰어난 '수 읽기'와 '형세 판단'을 손에 넣기 위해 컴퓨터에게 프로 기사의 3,000만 종류에 달하는 대국과 수를 기억시키고 컴퓨터 안에서 몇 번이고 대국을 반복시켜 바둑돌이 어떤 배치이면 이길 확률이 높은지를 학습시켰습니다. 그리고 프로 기사에게 이길 '수 읽기'와 '형세 판단' 능력을 손에 넣어 승리할 수 있게 되었다고 합니다.

이 기술의 가치는 바둑을 이기는 것에만 있지 않습니다.

- 방대한 의료 데이터를 학습하여 치료 방법을 발견하고 의사에게 조언해 준다.
- 복잡한 기계의 고장 원인을 재빨리 발견하여 해결 방법을 서비스 담당자에게 가르쳐 준다.
- 개개인의 생활 습관에 맞는 예방 의료나 오더메이드형 의료 서비스를 제공한다.

이와 같은 일에도 도움이 되고 있습니다. 이 '사건'은 사람의 역할이 크게 바뀔지도 모른다는 것을 실감시켜 주었습니다.

방대한 데이터로부터 가치 있는 정보를
가르쳐주는 어드바이저

인공지능은 사람이 도저히 다룰 수 없는 방대한 데이터를 분석하여 거기에 어떤 법칙과 관계, 규칙과 질서 등이 존재하는지를 찾아내어 우리가 사물을 판단하거나 행동하기 위해 도움이 되는 정보를 제공해 줍니다.

예를 들어, 암 환자의 검사 결과나 진단 소견을 인공지능에게 전달하면 암에 관한 방대한 학술논문이나 과거의 진단 소견을 분석하여 '어떤 암인지', '어떻게 치료하면 좋은지'를 의사에게 조언해 줍니다. 의사는 그 조언을 참고로 인공지능과 대화를 반복하면서 자신의 진단 소견을 추가하여 최종 진단을 내릴 수 있게 되었습니다.

지금까지도 의사는 논문이나 과거의 사례를 조사하여 그것을 참고로 진단을 내렸었지만 이런 과정에는 많은 시간과 노력이 필요했습니다. 또한 아무리 우수한 의사라도 수백만 수천만에 달하는 문헌을 모두 조사할 수는 없습니다. 하지만 인공지능은 불평 한마디 하지 않고 그것을 조사하여 가장 적합하다고 여겨지는 정보를 찾아내서 알려 줍니다. 그 덕분에 의사는 지금보다 환자와 직접 마주하는 시간을 더 늘릴 수 있게 되었습니다.

한국어나 영어 등 우리가 평소 사용하는 언어를 사용하여 질문을 하면 그 질문의 의도를 이해하여 정보를 검색하고 적절한 대답을 해주는 인공지능이 할 수 있는 일은 암 진단 지원뿐만이 아닙니다. 예를 들어, '고객에게 어떤 제안을 하면 좋을지?'를 생각하고 있는 영업 사원이 인공지능이 내장된 영업 지원 시스템에게 다음과 같이 질문을 합니다.

'OO주식회사의 재무 상황은 어떻지?'
'동종업계 타사와 비교해서 어디에 문제가 있는 걸까?'
'이 문제에 사용할만한 제안 사례는 없어?'

이렇게 한국어로 된 질문의 의미를 이해하고 필요한 정보를 찾아서 알려 줍니다. 재무 데이터는 인터넷에서 수집하고 사례 등은 인공지능이 내용을 해석하여 질문의 의도로부터 정보를 찾습니다. 영업사원은 그 정보를 참고로 전략을 세우고 제안서를 정리하여 고객에게 제안할 수 있는 것입니다.

가까운 예로는 스마트폰에 내장된 '스마트 어시스턴트'가 있습니다.

'이 근처에 맛있는 칼국수집 없어?'
'OO주식회사의 김대리에게 전화해 줄래?'
'오늘 오후의 일정은 뭐였지?'

이런 질문을 이해하고 칼국수집을 소개하거나 전화를 걸어주거나 일정표를 읽어 줍니다.

스스로 시행착오를 반복하면서
능력을 높여가는 로봇

일본에서는 1970년대부터 용접이나 도장, 조립 등과 같은 생산 현장에 로봇을 사용해 왔습니다. 지금 일본은 이러한 산업용 로봇의 세계 최대 생산국입니다. 이러한 로봇은 작업 방법과 순서를 사람이 프로그램으로 가르치면 충실하게 작업을 실행하므로 생산의 효율을 높이는 수단으로써 제조 현장에 널리 보급되었습니다.

1990년대에 들어와 혼다의 이족보행 로봇인 ASIMO나 소니의 강아지형 애완 로봇인 AIBO 등 엔터테인먼트나 완구로서의 로봇이 등장했습니다. 2000년대에 들어와서는 미국의 iRobot이 청소 로봇인 룸바를 발매, 타사도 이 분야에 참여하여 일본뿐만 아니라 우리나라의 많은 가정에서 사용되고 있습니다.

로봇은 사고나 재해 시의 상황 파악이나 측량을 위한 무인 헬리콥터(드론), 창고 안에서의 화물 운송이나 공장 내에서의 복잡한 조립 작업에도 사용되고 있습니다. 2014년에 소프트뱅크가 발매한 Pepper는 은행의 접수 데스크나 기업의 안내 데스크에도 사용되고 있는 등 우리에게 친숙한 것이 되어 가고 있습니다.

로봇이 이와 같이 보급되기 시작한 배경에는 그 두뇌가 되는 컴퓨터의 소형화와 고성능화, 가격 하락과 함께 똑똑한 인공지능의 능력이 급속히 향상되었다는 사실이 있습니다. 이와 같은 테크놀로지의 발전은 더욱 가속화되어 사람밖에 할 수 없다고 생각되던 정밀한 작업을 할 수 있으며 사람과의 응대도 할 수 있게 되었습니다.

공장에서 사용되는 로봇도 '사람이 프로그램한 순서를 그대로 반복하는 것'이었습니다. 이후 '기본적인 작업 순서만 가르쳐 놓으면 그 다음은 자신이 직접 시행착오를 반복하면서 작업 방법을 개선하여 스스로 능력을 높여가는 것'이나 '일하는 사람의 움직임을 보면서 부딪히지 않고 방해되지 않도록 주위를 살피면서 일하는 것'까지 등장했습니다. 더욱이 자동차는 운전자 없이 도로의 차선과 장애물, 사람의 움직임이나 신호 등을 확인하면서 사고를 일으키지 않고 안전하게 주행할 수 있게 되었습니다.

일본 정부의 IT 종합전략본부가 발표한 자동차의 자율 주행 기술에 관한 로드맵에 따르면 자율 주행이 실현되면 교통사고의 감소와 교통 정체의 완화, 에너지 절약, 물류업계의 운전수 부족의 해소, 고령자의 이동 지원 등과 같은 사회적인 문제를 해결할 수 있다고 합니다.

- **2017년**: 고속도로에서 자동제어 주행과 자동차로 변경
- **2020년**: 운전자의 책임 하에 일정 구간을 자동으로 주행(준 자동 조종)
- **2020년 이후**: 사람이 운전하지 않아도 목적지까지 자동으로 주행(자동 조종)

이와 같은 일정이 제시되어 있습니다. 자동차의 자율 운전은 이미 영화에서나 나올 법한 이야기가 아닙니다. 앞으로 몇 년 안에 실현될 기술로서 준비가 착실히 진행되고 있습니다. 그렇게 되면 '사람이 자동차를 운전하는 것은 법률 위반이 되는' 시대를 맞이할 지도 모릅니다. 로봇 자동차는 운전 중에 한눈을 팔거나 졸음 운전을 하지 않으므로 사고도 없어질 것이기 때문입니다.

'어려운 IT'와 '자연스러운 인간'을
중개해주는 bot(봇)

'다음 주 금요일 점심쯤에 김포에서 출발하여 부산에 도착하는 항공권을 예약해 줘'

'다음 주 금요일이라면 O월 O일이네요. 원하는 항공사가 있습니까?'

'항상 이용하는 항공사로 예약해 줘. 혹시 빈자리가 없으면 다른 항공사도 상관없어'

'다음의 비행 일정은 어떻습니까?'(예약 가능한 비행 정보 목록 표시)

'음, 그럼 XXX123편으로 예약해'

'알겠습니다. 좌석은 어디가 좋을까요? 항상 선호하는 창가 쪽은 자리가 없는데 통로 쪽도 괜찮습니까?'

'응, 괜찮아. 가능하면 앞쪽으로 해줘'

'알겠습니다. 결제는 항상 사용하던 신용카드로 할까요?'

'응'

'예약했습니다. 완료 메일을 보냈으니 확인해 주세요'

이것은 비서와의 대화 내용이 아닙니다. 페이스북이나 카카오톡과 같은 스마트폰의 메시지 앱을 사용한 대화입니다.

평소 사용하던 '텍스트(문자) 메시지' 앱으로 이처럼 다양한 온라인 서비스를 일상 대화처럼 이용할 수 있는 장치가 등장했습니다.

'bot(봇)'이라는 이 장치는 IT와 사람과의 관계를 크게 바꿔 버릴지도 모릅니다.

bot을 사용한 온라인 서비스는 항공권의 예약 외에도 다음과 같은 것들을 생각할 수 있습니다.

- 상품 검색과 온라인 쇼핑
- 거래 은행 잔고 확인과 송금
- 라이브 콘서트의 검색과 티켓 예약
- 일정 확인과 약속 메일의 송신
- 택시 호출
- 일기예보 확인
- 스포츠 대전 결과 조회

지금까지 비서나 접수 담당자와 같은 사람이 중개자가 되어 대화로 상대의 의도를 확인하고 처리하던 작업도 bot이 대신해 줍니다. bot이란 '로봇(ROBOT)'에서 생겨난 말로 사람을 대신해서 작업을 해 주는 컴퓨터 프로그램을 말합니다.

bot이 처음 등장했을 당시에는 다음과 같은 간단한 작업을 수행하는 것이 일반적이었습니다.

- 웹을 돌아다니면서 정보를 수집한다.
- 특정 제목이나 발신자의 메일을 트위터나 카카오톡과 같은 메시지 앱으로 전송한다.
- 특정 메시지를 정기적으로 메시지 앱에 발신한다.
- 정해진 시간에 패턴화된 텍스트 메시지를 발신한다.
- 온라인 게임에서 일정한 동작을 자동으로 반복 수행한다.

예전에는 bot을 멀웨어(부정한 일을 하는 소프트웨어)로 컴퓨터에 침투시켜 비밀정보를 갈취하거나 타인의 컴퓨터를 빼앗아 제삼자에게 사이버 공격을 하는 용도에도 사용되었습니다. 그런데 최근에는 앞에서 소개했듯이 다음과 같은 인공지능 기술을 사용하여 실현한 bot이 등장했습니다.

- 사람이 평소 사용하는 자연스러운 말이나 표현을 이해한다.
- 애매한 표현으로부터 의도를 파악한다.
- 일상 대화에서 사용하는 자연스러운 표현으로 응답한다.

또한 텍스트가 아니라 음성을 인식시키는 기술을 조합하여 음성에 의한 대화로 다양한 처리를 해 주는 것도 있습니다.

이와 같은 '진화한 bot'을 사용하기 이전부터 그래피컬한 조작 화면(GUI: Graphical User Interface)을 사용하여 직감적으로 조작을 할 수 있도록 하는 시도는 많이 있었지만 조작 하나하나에 룰이 정해져 있고 앱별로 조작법이 달라서 조작 방법을 배우지 않으면 잘 사용할 수가 없었습니다.

이에 비해 bot을 사용하여 자연스러운 말로 대화하듯이 조작이나 지시를 할 수 있게 되면 'IT는 어려워서 사용 못하겠다'던 사람도 없어지고 이용자의 폭을 넓힐 수 있습니다.

이 기술이 적용되는 것은 온라인 서비스뿐만이 아닙니다. 다음과 같이 가전제품이나 자동차 등과 같은 사물의 조작에도 사용되기 시작했습니다.

- **차 내비게이션**: 목적지의 검색과 설정
- **에어컨**: 온도 조절
- **TV나 비디오**: 프로그램 검색과 녹화 예약

진화한 bot은 그런 '어려운 IT'와 '자연스러운 인간'을 중개해주는 장치로서 더욱 보급되어 갈 것입니다.

인공지능이 로봇을 '자동화'에서 '자율화'로 진화시킨다

지금까지 기계는 사람이 조작하거나 순서를 가르쳐서 그대로 움직이게 하는 것이었습니다. 하지만 인공지능은 스스로 학습하고 상황을 파악하여 판단할 수 있는 능력을 기계에게 부여했습니다.

예를 들어, 공장에서 사용되는 로봇은 '어떤 부품을 어떤 순서로 어떤 위치에 장착할지'와 같은 작업 순서를 사람이 프로그램으로 가르치면 그 순서대로 처리를 합니다. 프로그램된 순서의 효율이 좋고 나쁜지는 사람이 평가하고 개선의 여지가 보이면 사람이 개선책을 생각하여 프로그램을 다시 고쳐 씁니다. 그리고 그것을 로봇에게 실행시켜 검증합니다. 이를 반복함으로써 로봇에 의한 작업의 효율과 품질을 향상시켜 갑니다.

하지만 인공지능이 내장된 로봇은 기본적인 작업 절차만 사람이 가르치고 효율이나 품질의 목표치를 알려주면 그 다음은 로봇 자신이 시행착오를 반복하면서 효율과 품질을 목표치에 가까워지도록 동작을 개선해 갑니다. 몇 시간 지나지 않아 베테랑 작업자와 별반 다르지 않은 동작을 할 수 있게 됩니다.

지금까지의 로봇처럼 사람이 정한 절차를 확실하게 처리하도록 하는 것을 '자동화'라고 합니다. 반면 스스로 상황을 파악하고 어떻게 하면 좋을지를 익혀서 능력을 높이고 보다 고도의 동작을 할 수 있게 되는 것을 '자율화'라고 합니다. 인공지능은 그런 '자율화'를 실현하는 수단이기도 합니다.

'자율화'가 진행되는 곳은 공장의 로봇뿐만이 아닙니다. 운전수가 없어도 도로 상황을 보면서 안전하게 주행해 주는 자동차, 목적지를 알려주면 경로를 스스로 찾아 안전하게 짐을 운반해 주는 무인 헬리콥터인 '드론' 등도 등장했습니다.

사람의 역할 재검토를 촉구하는 스마트 머신

이와 같은 인공지능을 사용하여 자율화 기능을 겸비한 기계를 '스마트 머신'이라고 합니다.

스마트 머신은 '지금까지 사람밖에 할 수 없었던 일을 빼앗을지도 모르지 않냐?'라는 우려의 목소리도 있는 한편 효율이나 안전면에서는 큰 장점도 갖고 있습니다.

이제 사람은 새로운 역할을 찾아가야 할지도 모르겠습니다. 실제로 1970년대에 시작된 생산의 자동화로 인해 제조 현장에서 사람의 일이 줄어들어 관리나 서비스와 같은 일로 역할을 전환해 왔습니다. 사람의 역할이 시대와 함께 바뀌어 가는 것은 지금이나 옛날이나 다를 바 없습니다.

또한 저출산 고령화가 진행되는 우리나라에서는 일손이 부족해지고 있습니다. 부족한 노동력을 보충하고 경제를 유지시키기 위해서는 스마트 머신을 잘 사용할 필요가 있습니다. 과소화와 고령화가 진행되는 지방에서는 자율 주행차가 교통 수단이나 운송 수단으로써 빼놓을 수 없는 것이 되어 갈 것입니다.

스마트 머신은 'IT는 조작이 어려워서 사용하기 힘들다'는 지금까지의 상식을 바꾸려고 하고 있습니다. 또한 사람보다 훨씬 안전하고 효율적으로 일을 처리해 주는 분야도 등장했습니다.

이 가치를 어떻게 활용하면 좋을지, 그 방법을 모색하기 시작한지 얼마 되지 않지만 존재감은 점점 커지고 있습니다.

스마트 머신
Smart Machine
응대 및 응답 기능
인공
지능
Artificial
Intelligence
기계학습
빅데이터
통신
기능
기계적
구동 장치
유압 및 자기 액츄에이터
모터/엔진 등
센서

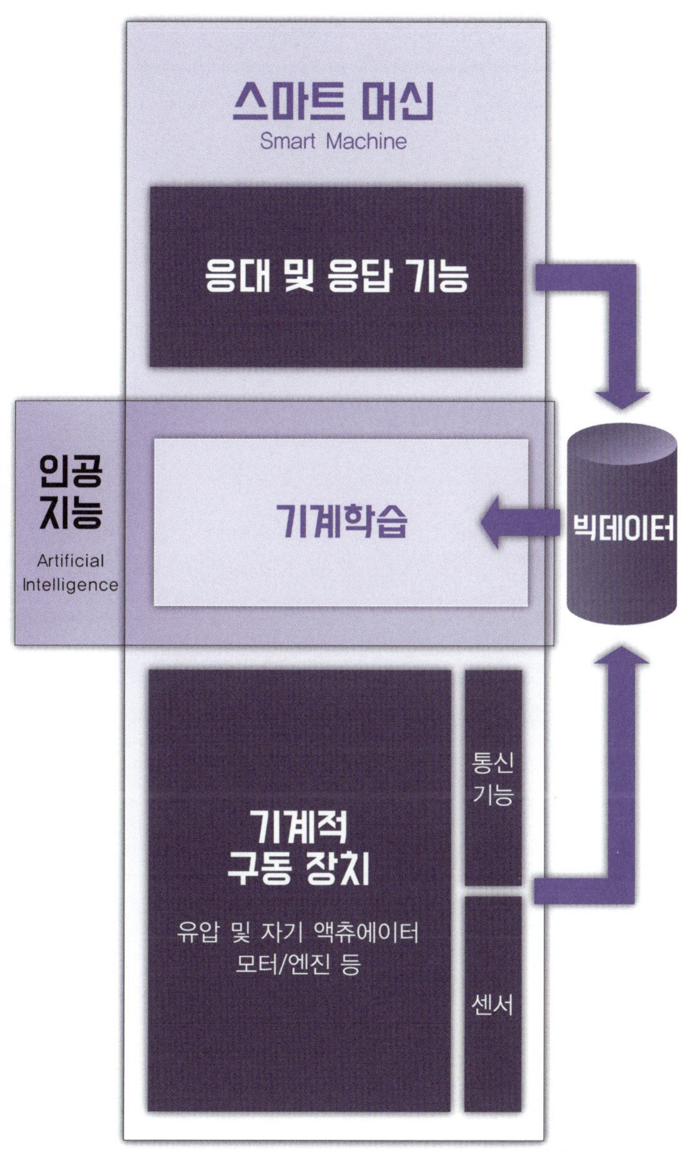

[스마트 머신]

자율 운전 트럭의 가능성과 과제

2015년 5월 독일의 다임러 AG(Daimler)가 개발한 자율 운전 트럭이 미국에서 자동차 번호를 받았습니다. 이 자율 운전 트럭은 세계 최초로 공공 도로의 주행이 허가된 자율 운전 상용차가 되었습니다.

미국이 자율 운전 트럭에 적극적인 데는 이유가 있습니다. 현재 LA에서 뉴욕까지 화물을 트럭으로 운송하는 경우 비용이 4,500달러나 든다고 합니다. 그중 75%가 인건비로, 사람이 운전하는 경우 1일에 11시간 이상 운전을 하면 8시간 휴식을 취해야 한다는 법이 의무화되어 있습니다. 만일 자율 운전 트럭으로 쉬지 않고 달릴 수 있다면 현재의 25% 비용으로 2배의 운송력을 발휘할 수 있다는 계산이 나온다고 합니다.

이런 어마어마한 경제 효과 외에도 현재 일이 너무 힘들기 때문에 트럭 운전수의 인력이 감소하고 평균 연령도 매년 올라가고 있다고 합니다. 그래서 앞으로의 일손 부족은 피할 수 없는 일이라고 합니다. 이러한 사정 때문에 자율 운전 트럭에 대한 기대가 높아지고 있는 것입니다.

한편 미국 노동인구의 1%에 달하는 160만 명이 트럭 운전수입니다. 그 사람들이 일자리를 잃게 되면 미국 경제는 큰 영향을 받게 될 것입니다. 거기에 간선도로 옆에 있는 레스토랑이나 휴게시설, 모텔 등과 같은 사업은 큰 폭으로 줄어들지도 모릅니다.

사회적 요청에 크게 부응한다는 메리트가 크면 클수록 변화는 더 빨라집니다. 그와 동시에 지금까지 이루어져 있던 사회나 경제 구조의 붕괴가 가속화되는 경우도 있습니다. 그런 '새로운 상식'과 '지금까지의 상식'의 상극은 어떤 시대에도 있었지만 이를 극복함으로써 시대를 개척해 온 것도 역사적 사실입니다.

우리들은 지금 그런 역사의 산 증인으로서 새로운 시대를 열 수 있을지 없을지를 시험받고 있는지도 모릅니다.

제조업의 민주화를 실현하는 3D 프린터

데이터만 있으면 입체적인 사물을 '인쇄'해 주는 3D 프린터의 등장은 제조업의 상식을 크게 바꿔 놓았습니다.

지금까지 물건을 만들려면 그에 상응하는 제조 설비가 필요했습니다. 하지만 3D 프린터를 사용하면 언제 어디서든지 물건을 만들 수 있습니다. 예를 들어, '한국에서 만든 기계부품의 설계 데이터를 독일의 공장에서 수정하여 미국에서 3D 프린터로 인쇄하여 만드는' 일도 가능합니다.

미항공우주국(NASA)은 우주 스테이션에서 부족한 부품의 설계 데이터를 지상으로부터 송신받아 거기에 설치되어 있는 3D 프린터로 제작하는 일에 성공했습니다. 또한 NASA는 로켓 엔진에서 연료를 공급하기 위한 부품인 터보 펌프를 3D 프린터로 만드는 데도 성공했습니다. 이 부품은 내부에 내장된 터빈이 분당 9만번 이상이나 고속으로 회전하며 마이너스 240도나 되는 극저온의 액체 수소를 대량으로 공급해야 합니다. 더욱이 3,000°를 넘는 고온에서 연료를 연소시키는 극한 환경에도 견뎌내야 합니다. 이제는 이런 것도 3D 프린터로 만들 수 있는 것입니다.

취미용으로 널리 보급되어 있는 3D 프린터는 플라스틱 수지에 열을 가해 녹여서 모양을 만들어 가는 것이 일반적이지만 지금은 액체상의 수지에 자외선을 투사하여 굳혀서 형상을 만들어 가는 것, 금속 분말을 레이저 광선으로 녹여 굳히는 것 등 다양한 것들이 등장했습니다. 또한 시제품뿐만 아니라 강도를 요구하는 기계 부품의 제작에도 사용되기 시작했습니다. 그 외에도 다음과 같은 것에 사용되고 있습니다.

- **제조업**: 제품이나 부품 등의 디자인 검토나 기능 검증을 위한 시제품이나 목업(mockup), 플라스틱 성형을 위한 금형이나 주물의 목형, 오더메이드 고부가가치 제품
- **건축업**: 컴피티션이나 프레젠테이션용 건축 모형
- **의료 분야**: 환자의 컴퓨터 단층 촬영(CT)이나 핵자기공명화상(MRI) 등과 같은 데이터를 기초로 한 수술 전 검토 및 환자에 대한 설명을 위한 모델

최첨단 성과로는 '분말이나 페이스트 상태의 식재료를 얇게 쌓아 올려서 독특한 식품을 만드는 것'이나 '조각조각 나눠진 세포 파편을 겹쳐서 인간의 재생 의료용 생체 조직이나 장기를 만드는' 3D 프린터의 개발도 진행되고 있습니다.

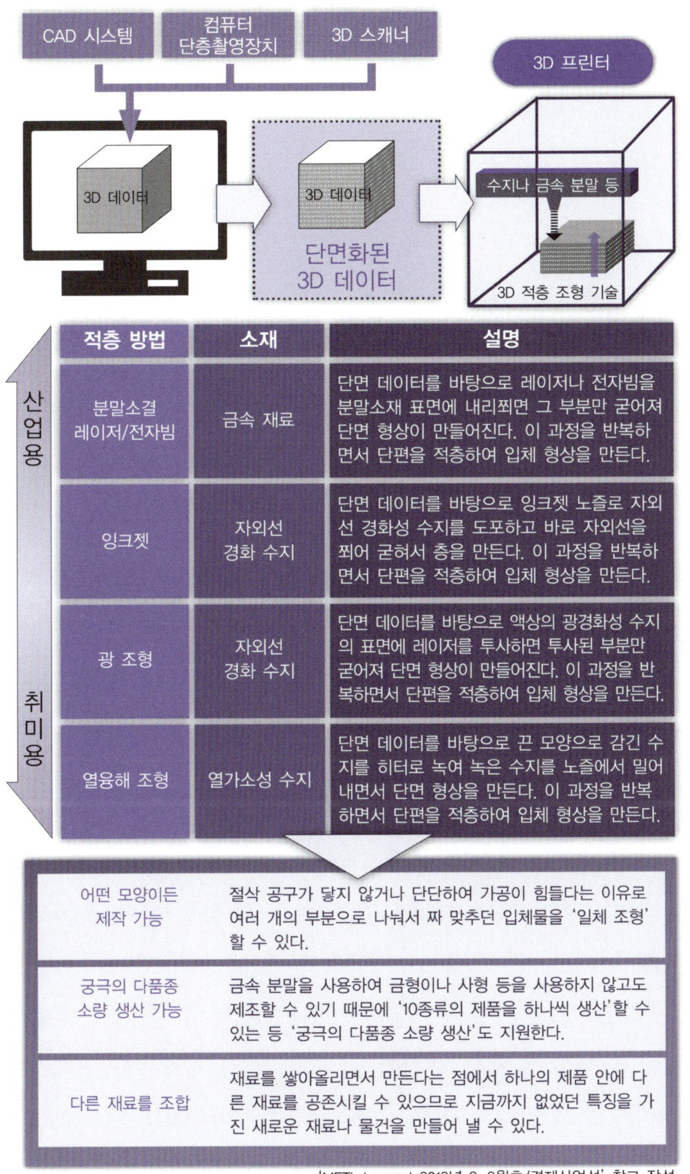

	적층 방법	소재	설명
산업용	분말소결 레이저/전자빔	금속 재료	단면 데이터를 바탕으로 레이저나 전자빔을 분말소재 표면에 내리쬐면 그 부분만 굳어져 단면 형상이 만들어진다. 이 과정을 반복하면서 단편을 적층하여 입체 형상을 만든다.
	잉크젯	자외선 경화 수지	단면 데이터를 바탕으로 잉크젯 노즐로 자외선 경화성 수지를 도포하고 바로 자외선을 쬐어 굳혀서 층을 만든다. 이 과정을 반복하면서 단편을 적층하여 입체 형상을 만든다.
	광 조형	자외선 경화 수지	단면 데이터를 바탕으로 액상의 광경화성 수지의 표면에 레이저를 투사하면 투사된 부분만 굳어져 단면 형상이 만들어진다. 이 과정을 반복하면서 단편을 적층하여 입체 형상을 만든다.
취미용	열융해 조형	열가소성 수지	단면 데이터를 바탕으로 끈 모양으로 감긴 수지를 히터로 녹여 녹은 수지를 노즐에서 밀어내면서 단면 형상을 만든다. 이 과정을 반복하면서 단편을 적층하여 입체 형상을 만든다.

어떤 모양이든 제작 가능	절삭 공구가 닿지 않거나 단단하여 가공이 힘들다는 이유로 여러 개의 부분으로 나눠서 짜 맞추던 입체물을 '일체 조형'할 수 있다.
궁극의 다품종 소량 생산 가능	금속 분말을 사용하여 금형이나 사형 등을 사용하지 않고도 제조할 수 있기 때문에 '10종류의 제품을 하나씩 생산'할 수 있는 등 '궁극의 다품종 소량 생산'도 지원한다.
다른 재료를 조합	재료를 쌓아올리면서 만든다는 점에서 하나의 제품 안에 다른 재료를 공존시킬 수 있으므로 지금까지 없었던 특징을 가진 새로운 재료나 물건을 만들어 낼 수 있다.

'METI Journal 2013년 8, 9월호/경제산업성' 참고 작성

[3D 프린터]

3D 프린터가 큰 관심을 불러일으킨 이유로는 2012년에 미국에서 베스트셀러가 된 Chris Anderson의 저서 〈MAKERS〉의 출판과 2013년에 오바마 대통령이 일반교서 연설에서 3D 프린터를 언급한 데 있습니다. 〈MAKERS〉에서는 전통적인 제조업과 다른 '메이커스 무브먼트'라고 하는 개인을 주체로 하는 제품 생산이 확대된다고 하면서 다음의 세 가지를 이유로 들고 있습니다.

- 개인이 3D 프린터를 사용하여 제품을 설계 및 시험 제작한다.
- 설계 정보를 온라인 커뮤니티에서 공유하고 협력한다.
- 제조 서비스 업자에게 제품의 설계 정보를 보내서 원하는 개수만큼 제작하게 하거나 직접 가공 기계를 만들어 간단히 제품으로 만들 수 있게 된다.

이로 인해 소프트웨어나 콘텐츠의 제작이 웹의 등장으로 크게 변화된 것처럼 제안부터 사업화에 이르는 과정을 상당 부분 단축할 수 있게 되어 누구나 제조자가 될 수 있는 '새로운 산업 혁명'이 일어난다고 합니다. 또한 개인이 인터넷 상의 웹 사이트에 업로드된 설계 파일 중에서 자신이 원하는 것을 선택하여 세계 어디에 있든지 그 데이터를 사용하여 제조할 수 있는 서비스나 그런 일을 맡아서 하는 기업이 등장한다고 합니다.

대량 생산을 전제로 하는 종래의 제조업과는 달리 개인이 원하는 것을 다른 사람의 아이디어를 받아들이면서 원하는 만큼만 만들 수 있는 '네트워크형 제조업'이 등장할지도 모릅니다.

현재는 거기까지는 아니더라도 제품의 설계 및 제조 공정 중에서 디자인의 모양 확인과 시제품 제조 공정은 이미 크게 바뀌기 시작했습니다. 바로 얼마 전까지는 시제품 전문 회사에 외주를 주던 것을 3D 프린터를 사용하여 내부 제작하고 있는 것입니다. 외주를 주면 몇 주일 걸리던 일을 1~2일만에 할 수 있으므로 외주비용과 시간을 대폭 줄일 수 있기 때문에 그 시간을 테스트 기간으로 돌릴 수 있게 되었습니다. 이로써 개발 기간의 단축과 충분한 검토 시간이 확보되었을 뿐만 아니라 개발 단계 제품의 기밀 정보가 외부로 누설되는 것도 방지할 수 있습니다.

오바마 대통령의 일반교서 연설에서는 미연방정부는 제조업의 경쟁력 강화의 일환으로 '민간 기업, 대학 기관, 비영리단체의 협력을 얻어 3D 프린터의 설비를 추진하고 기기 취급을 통해 청년층의 제조업에 대한 계몽과 제조기술의 훈련을 촉진하여 미국 제조업의 수준 향상으로 이어지게 하자'고 제안했습니다.

이러한 미국의 움직임에 자극을 받아 많은 나라에서 제조업의 경쟁력 강화를 위해 3D 프린터의 폭넓은 도입을 호소하고 있습니다. 또한 '패브랩(Fab Lab)'이라는 3D 프린터와 그 주변 가공 기계를 마련하여 일반인이 사용할 수 있도록 한 시설도 등장하여 개인 이용자의 폭을 넓히는 움직임도 시작되었습니다.

3D 프린터가 '새로운 산업혁명'을 짊어지고 갈지 말지는 앞으로의 행보에 달려있지만, 앞서 소개한 '쉐어링 이코노미'의 조류와 합류하여 '오픈된 제품 제조'가 확대될 가능성은 충분히 있습니다.

'설비나 사람에게 의존한 제조업'에서 '어디서나 누구든지 할 수 있는 제조업'이라는 새로운 상식이 등장하여 민주화된 제조업의 시대로 발을 내딛고 있습니다.

공간을 데이터화하는 드론

드론(drone)이란 원격조작이 가능한 무인비행기를 통틀어 부르는 말입니다. 부웅~ 하고 날개음을 내며 나는 '수벌(drone)'을 뜻하는 영어 단어를 따서 사용하게 되었습니다.

원래는 전쟁에서 정찰이나 공격을 하는 군사용으로 개발되었는데 농약 살포나 항공 촬영과 같은 업무용과, 날리는 재미를 즐기는 취미용까지 용도가 확대되었습니다. 크기는 전체 길이가 몇 센티미터 정도인 소형 드론부터 10미터를 넘는 대형 드론까지 다양합니다.

모양은 프로펠러가 여러 개 있는 헬리콥터(멀티콥터)가 일반적이며, 고정 날개를 가진 기체도 등장했습니다.

정지 화면이나 동영상을 촬영하는 카메라 외에 위치 정보를 파악하는 GPS, 속도와 움직임을 감지하는 가속도 센서, 기울기와 각도 등을 감지하는 자이로센서 등을 탑재하고 있습니다. 이것들을 사용하여 스스로 기체를 안정시키고 지정한 경로를 자동으로 비행한 후 원래의 위치로 되돌아오는 등 자율비행이 가능한 기체도 있습니다. 이러한 점이 종래의 라디오 컨트롤 헬리콥터와 다른 점입니다.

드론에 사용되는 전자부품은 스마트폰에서 사용되는 카메라나 센서, 프로세서, 전지 등과 공통되는 것이 많습니다. 그래서 스마트폰의 대량 생산으로 인한 부품의 저가화로 인해 드론의 시판 가격도 내려가 업무 용도뿐만 아니라 개인의 이용도 확대되고 있습니다.

드론은 카메라나 센서로 다양한 데이터를 취득해 무선을 통해 인터넷과 연결되어 클라우드에 데이터를 보낼 수 있습니다. 이러한 특징을 살린 다양한 이용 방법도 모색 중입니다.

드론용 애플리케이션을 누구나 쉽게 개발할 수 있도록 하여 용도를 넓혀 가자는 '오픈화' 시도도 시작되었습니다. 그래서 드론에 최적화된 운영체제나 프로그래밍을 위한 방법을 공동으로 개발하여 널리 공개하려는 연구나 드론에 필요한 기능을 표준 탑재한 프로세서나 전자부품 모듈도 시판되고 있습니다.

특히 Intel이나 QUALCOMM 등 컴퓨터와 스마트폰의 표준 플랫폼을 제공하는 기업은 다음 플랫폼의 선두적인 패권을 잡기 위해 적극적으로 제품 개발을 하고 있습니다. 아직 모색 단계이기는 하지만 이미 다양한 용도로 사용되기 시작했습니다.

■ 새의 시선으로 항공 촬영

'새의 시선'으로 날면서 촬영할 수 있다는 것은 드론의 매력 중 하나입니다.

헬리콥터나 항공기는 아무리 낮게 날아도 몇백 미터 상공에서 밖에 촬영할 수 없습니다. 사람이 높은 곳을 올라간다 하더라도 한정된 위치에서만 촬영할 수 있습니다.

하지만 드론은 몇 미터부터 100미터 정도의 높이까지 새처럼 날면서 촬영할 수 있습니다. 더구나 기체의 진동이나 바람으로 인한 흔들림을 보정하여 흔들림 없는 동영상을 고화질로 촬영할 수 있는 카메라가 탑재된 기체도 몇십만 원부터 손에 넣을 수 있기 때문에 업무뿐만 아니라 개인이 취미로 항공 촬영을 즐기는 경우도 늘고 있는 추세입니다.

■ 토목 공사 현장에서의 측량과 기록

드론은 토목 공사 현장에서 토지의 지형이나 굴착할 토량을 계측하고 공사의 진척 상황을 사진으로 남기는 일에도 사용되고 있습니다. 공사 현장을 여러 각도로 촬영하여 3차원 이미지를 작성한 후 그것을 공사 도면과 겹쳐 보면서 공사할 곳이나 파야 할 토량을 계측할 수 있습니다.

사람이 하는 경우와 비교해서 단시간에 정확하게 계측을 할 수 있으며 넓은 공사 현장에서의 작업 상황을 상공에서 촬영하여 공사의 진행 방법과 진척을 기록하여 안전 관리나 진척 관리에 도움이 되게 하려는 시도도 시작되었습니다.

■ 경작지의 데이터 수집

지금까지 감이나 경험, 사람의 손에 의존했던 경작지의 상태를 데이터화하여 수집하기 위해서도 드론을 사용하고 있습니다. 예를 들어, 여러 개의 다른 파장으로 된 빛으로 촬영하는 '멀티스펙터(multi-spector) 카메라'를 사용하여 다음과 같은 일을 하고 있습니다.

- 수분이 부족한 곳을 찾아낸다.
- 비료가 부족한 곳을 찾아낸다.
- 생육 상태를 확인한다.

지금까지는 넓은 경작지에서 이러한 데이터를 모을 수 있는 수단이 없었습니다. 물론 항공기나 헬리콥터를 사용하면 가능하지만 막대한 비용이 들기 때문에 현실적이지 않았습니다. 하지만 드론을 사용하면 별로 비용을 들이지 않아도 하루에 몇 번씩 경작지의 상공을 날면서 촬영할 수 있으며, 그 데이터를 활용하여 경작지를 효율적으로 관리하고 작업할 수 있습니다.

■ 농약 살포

농약을 사람 손으로 뿌리려면 농약통을 등에 짊어지고 걸어다니면서 뿌려야 합니다. 넓은 논밭의 경우 며칠 또는 몇 주가 걸립니다. 그렇다고 해서 차가 논밭의 안까지는 들어갈 수 없으므로 살포가 곤란했었습니다. 예전에는 사람이 상공에서 헬리콥터로 농약을 살포했었지만 높은 고도에서 살포하면 농약이 넓은 범위로 확산되어 인체에 영향을 줄 수 있다는 우려에서 점차 사라져갔습니다.

여기에 드론을 사용하기 시작했습니다. 유인 헬리콥터에 비해 저고도에서 농약을 살포할 수 있으므로 주위에 퍼지지 않도록 제어할 수 있습니다.

■ 화물 배송

택배나 우편 등과 같은 화물을 드론으로 배달하려는 시도가 시작되었습니다. 드론의 경우 도로 정체를 신경쓸 필요가 없으며 지상으로 배달하는 것보다 단시간, 저비용으로 배달할 수 있을 것이라 기대되었기 때문입니다.

또한 주택이나 인가가 넓은 지역에 드문드문 떨어져 있는 과소 지역의 경우 화물 하나를 위해 트럭이나 배달원을 사용하는 것은 비용이 많이 발생하여 비효율적입니다. 이러한 문제를 해결하기 위해 드론으로 배달하려는 시도가 시작된 것입니다.

■ 재해 현장의 조사나 긴급 물자의 수송

드론은 재해 현장의 조사에도 활약하고 있습니다. 예를 들어, 하천의 붕괴나 산사태 등과 같은 재해가 일어난 경우 재해 현장에 못 들어가는 경우가 많습니다. 이럴 때 하늘에서 조사하면 저공 비행으로 찍은 사진을 보면서 이동하고 고화질 동영상 촬영도 할 수 있으므로 피해 상황을 자세히 파악할 수 있습니다. 또한 도로가 절단되어 고립된 지역에 물자를 전달할 때도 드론이 도움이 될 것이라는 기대가 모아지고 있습니다.

■ 방범과 범죄 수사

경찰에서도 드론을 사용하고 있습니다. 예를 들어, 미국에서는 위험한 범죄 현장의 정찰이나 멕시코 국경의 밀입국자 감시에 사용하고 있습니다. 일본에서도 교통사고나 범죄 현장의 수사에 드론의 도입을 추진하고 있습니다.

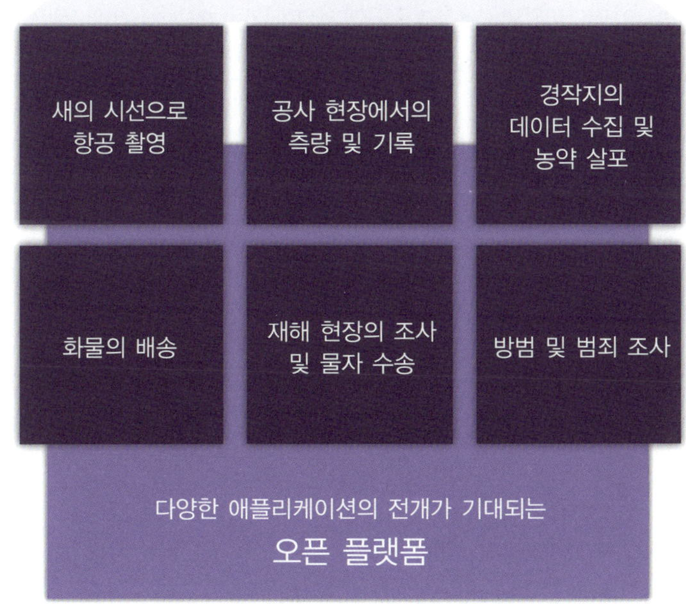

[공간을 데이터화하는 IoT 디바이스 '드론']

드론이 주목을 받는 이유는 지금까지는 없었던 '공간을 데이터화
할 수 있는' 유효한 수단이기 때문입니다.

'현실 세계를 데이터화하여 인터넷으로 보내는 장치'로서 IoT(제
3장에서 자세히 설명)가 주목받고 있는데 '공간의 데이터화'도 당연
히 필요합니다. 그 수단으로써 항공기나 인공위성 등 높은 고도에
서 센싱하는 기술(센서를 사용하여 다양한 정보를 계측 및 수치화하는
기술)은 이미 있지만 낮은 고도에서 더구나 이동하면서 세밀하게
센싱하는 유효한 수단은 지금까지는 없었습니다.

거기에 등장한 것이 드론입니다. 참으로 미지의 영역에 대한 가능
성이 열린 것입니다. 용도에 대해서는 아직 모색 단계이지만 큰
가능성이 잠재해 있다고 할 수 있습니다.

이 가능성에 눈을 돌린 것이 Intel이나 QUALCOMM 등과 같은 전
자부품 제조업체입니다. 이들은 컴퓨터나 스마트폰에서는 사실상
표준이 된 제품을 제공하는 기업이지만 드론에서도 그 선두적인
패권을 쥐기 위해 적극적으로 제품을 개발하고 있습니다.

2015년 12월 항공법의 개정으로 드론의 비행 룰이 명확해졌습니
다. 이를 계기로 드론의 활용도 한층 확대될 것이라 기대됩니다.

매력과 가치의 요구를 자동화하는
마케팅 오토메이션

메일이나 웹, 소셜 미디어 등을 사용하여 기업의 마케팅 활동의 효과 및 효율을 높이는 것을 목적으로 한 시스템을 '마케팅 오토메이션(Marketing Automation, 줄여서 MA)'이라고 합니다. 메일 발송과 웹 해석, 리드(lead: 장래에 고객이 될 가능성이 있는 예상 고객) 정보 관리 기능이 내장되어 메일에 대한 반응이나 웹에 대한 액세스 등 마케팅과 관련된 다양한 행동 이력을 기록하여 그 행동 이력을 분석하여 액세스한 사람의 잠재적인 요구를 추측할 수 있습니다.

MA가 등장하기 전 이런 기능은 개별 툴로 사용되고 있었습니다. 하지만 MA의 등장으로 필요한 기능이 하나의 시스템으로 통합된 덕분에 마케팅과 관련된 일련의 업무 프로세스를 연계시켜 자동으로 처리할 수 있게 되었습니다.

그 결과 사람의 실수가 줄어들고 마케팅 업무를 정확하고 효율적으로 할 수 있게 된 것입니다. 또한 리드나 고객이 상품이나 브랜드를 어떻게 접해서 관심을 가지고 구입이나 등록까지 이르게 되는지와 같은 프로세스(커스터머 저니: Customer Journey)를 분석하여 가시화하고 효과적인 마케팅 활동의 흐름을 설계할 수도 있게 되었습니다.

MA를 사용하는 목적은 매상으로 이어질 리드를 찾아내어 영업부에 넘겨주고 매상을 올리려는 것뿐만이 아닙니다. 주로 다음과 같은 목적으로도 사용하고 있습니다.

- 고객이나 리드의 개별 취향이나 관심에 따라 적절한 정보를 제공한다.
- 장기간에 걸친 로열티나 만족도의 향상을 꾀한다.
- 자사 브랜드의 향상이나 수익성이 높은 사업으로 이어지게 한다.

최근에는 MA에 인공지능을 내장시켜 보다 효과적이고 효율적인 마케팅 업무를 할 수 있는 연구도 진행되고 있습니다.

마케팅 업무는 고객이나 시장 데이터를 수집하는 것부터 시작하여 그 데이터에 감춰진 비즈니스 기회를 읽고 고객이나 시장을 개척하기 위한 광고 및 선전, 이벤트 등을 구사하여 성과를 올리는 것입니다. 그 결과는 다시 데이터로 피드백 되어 똑같은 프로세스를 반복하게 됩니다.

마켓
웹 사이트(액세스)
소셜 미디어(발언 및 발신)
IoT(행동 및 상황)
고객이나 예상 고객의 활동이나 상황 변화 등
메일 발송 앱 정보 웹 커스터마이징 등
리드 관리
애널리틱스(통계 분석 및 인공지능)
이력 관리
가시화
마케팅 전략
마케팅 시책
마케팅 오토메이션

[마케팅 오토메이션]

그런 마케팅의 전제가 되는 데이터는 웹이나 소셜 미디어 또는 IoT로 인해 예전과는 차원이 다른 거대한 데이터(빅데이터)가 되었습니다. 빅데이터를 확실하게 파악하여 분석하는 데 있어 IT는 필수적입니다.

고객이 정보를 접하는 매체도 웹, 소셜 미디어, 스마트폰 앱, 전자메일 등과 같이 예전의 TV나 라디오, 잡지만 있던 시대와는 비교할 수 없을 정도로 다양해졌습니다. 이러한 고객 접점을 최대한 활용하여 그것들을 개별적이고 단독적인 시책이 아니라 연계 및 협조하여 효과를 올려 가기 위해 IT는 없어서는 안 되는 존재입니다. 사람의 손만으로는 더 이상 관리할 수 없을 정도로 마케팅 활동은 다양화해졌고 그 구조도 복잡해졌습니다.

인터넷이나 스마트폰, IoT 등의 보급으로 취득할 데이터의 양이나 접근해야 할 고객 접점은 앞으로 보다 확대될 것입니다. 그뿐만 아니라 고객이 있는 장소, 행동, 흥미, 관심 등에 실시간으로 대응하여 마케팅 효과를 높이려는 노력도 일어나고 있습니다. 때문에 MA는 앞으로 더욱 인공지능을 활용하여 철저한 개별 대응과 자동화로 향해갈 것입니다.

물론 '무엇을 팔지?', '어떤 방법과 콘텐츠(전할 내용)를 사용하여 고객에게 접근할지?'를 생각하는 것은 사람의 역할입니다. 하지만 사람이 전략과 방침, 콘텐츠와 방법을 정하면 그 다음은 MA가 알아서 해주는 시대로 바뀌어 갈 것입니다.

'경험이나 감에 의지하여 사람을 사용'하던 형태에서 '데이터를 기초로 프로세스를 최적화하고 자동으로 수행'하는 새로운 상식으로 마케팅은 고객 한 사람 한 사람에게 다가가는 형태로 바뀌어 가고 있습니다.

농업 인구의 감소를 보충하고 국제 경쟁력을 높이는 농업 IT

농업이 경쟁력을 가지고 새로운 고용을 창출하는 산업으로 다시 태어나려 하고 있습니다.

예를 들어, 농장에 센서를 설치하여 온도와 습도, 일사량, 토양의 온도와 수분량, 이산화탄소 등과 같은 환경 데이터를 수집합니다. 그 데이터를 인터넷을 통해 클라우드에 보내 클라우드에서 데이터를 분석하면 재배에 도움이 되는 정보를 얻을 수 있습니다.

재배 지역이나 작물마다 다른 재배 관리 기술이나 노하우는 '모범 레시피'로 정리되어 다른 사용자에게 공개합니다. 이를 사용하면 처음으로 쌀을 생산하는 사람이라도 재배를 시작할 수 있습니다.

드론(무인항공기)에 탑재한 '멀티스펙터 카메라(여러 개의 파장을 가진 빛으로 촬영하는 카메라)'를 사용하여 수분이 부족한 곳이나 비료가 부족한 곳을 찾아내 생육 상태를 확인하는 일도 이미 하고 있습니다. 또한 GPS의 위치정보를 바탕으로 자동으로 밭을 갈고 수확까지 해주는 트랙터도 등장했습니다.

생육에 영향을 주는 온도와 습도, 일사량, 토양 내의 온도나 수분량, 이산화탄소 등과 같은 조건을 철저히 관리하며 실내에서 무농약 채소를 키우는 '식물 농장' 비즈니스에 대한 참여도 늘고 있습니다. 단, 생산 비용은 노지 작물보다 비싼 것이 현실입니다.

그 이유로는 노지 작물에 비해 전기세나 공조비 등이 많이 들고 일정한 품질로 효율적으로 대량 생산하는 기술이나 노하우를 아직 확립하지 못한 데 있습니다. 하지만 여기에 인공지능의 기술을 활용하여 노하우를 축적하고 자동화하여 사람의 손을 철저하게 줄임으로써 대응해가려는 노력도 시작되었습니다.

더욱이 비료나 종자의 구입이나 결제 절차, 판매대금의 청구 등 농업에 부수적으로 따르는 사무 작업의 수고를 인터넷이나 클라우드를 사용하여 줄일 수 있는 서비스도 등장했습니다.

이와 같은 IT를 활용한 성과 덕분에 고령화와 감소하는 일손을 보충하고 신규 취농자도 농업을 이어가기 쉽게 되었습니다. FTA(자유무역협정) 등으로 인해 농업의 국제 경쟁력 향상이 요구되는 지금 농업의 공업화로 농산물의 생산량과 품질을 안정시키려고 하는 '농업 IT'에 대한 관심은 더욱 높아져 갈 것입니다.

'경험과 감에 의존하여 사람이 작업'하던 시대에서 '데이터를 기초로 기계의 도움을 빌려 작업'하는 시대라는 새로운 상식으로 바뀌어 가고 있습니다.

[농업 IT의 가능성]

{ 근무 형태를 바꿔버리는 디지털 오피스 }

매일 아침 만원 지하철에 끼여 사무실로 향한다.

사무실에 도착하면 정해진 책상에 앉는다.

월급만큼의 시간을 일하고 시간이 되면 집으로 돌아간다.

이와 같이 '일하는 장소와 시간에 구애'받던 상식은 이제 낡은 것이 되었습니다. 특히 우수한 인재는 시간과 장소에 의존하지 않고 생산성을 높이기 위해 실시간이든 온라인이든 언제 어디서든 상관없이 사람과 연결되어 원하는 성과를 올립니다. IT는 그런 근무 스타일을 실현시켜 줍니다.

장소와 시간에 구애받지 않는 회의

일을 하기 위해 사무실이 있는 회사로 간다는 상식은 이제 과거의 일입니다.

'O월 O일 12:00~13:00, 이 URL로 웹 회의에 참가해 주세요. 회의록은 이 URL에 마련해 두었습니다'

필자가 이사로 있는 자원봉사단체의 회의는 이런 연락으로 시작합니다. 각자 다른 바쁜 본업을 갖고 있는 사람들로 이루어져 있기 때문에 서로 잠깐 비는 시간을 짜내 회의를 해야 합니다.

회의는 웹 회의 시스템인 구글의 행아웃을 사용하여 어디에서든 할 수 있습니다. 이동 중이거나 역 내 벤치에서 스마트폰으로 참여하는 사람도 있습니다.

회의록은 공동으로 편집할 수 있는 구글 도큐먼트를 사용하여 작성하고 회의를 진행하면서 의논한 내용은 누구라 할 것 없이 모두 같이 작성해 갑니다. 논의해야 할 주제는 회의를 시작할 때까지 각자 빈 시간을 이용해서 사전에 웹 회의록에 기록해 둡니다. 참가자는 그것을 보면서 회의를 진행해 갑니다.

'액션 아이템(처리해야 할 일의 목록)은 여기에 써 주세요'

그 자리에서 바로 누군가가 표계산 서비스인 구글 스프레드로 새로운 파일을 만들고 그 URL을 공유합니다. 회의를 계속하면서 전원이 거기에 액션 아이템을 기록해 갑니다.

'시간이 되었으니 이제 끝내도록 합시다. 다음 회의는 ㅇ월 ㅇ일 19:00부터입니다. 수고하셨습니다'

이렇게 시간대로 회의가 끝나면 참가자가 웹 회의에서 빠져나갑니다. 하지만 회의록은 이미 완성되었고 액션 아이템도 거의 만들어졌으므로 각자 일로 바로 돌아갈 수 있습니다.

이동에 시간을 뺏기지도 않고 한정된 시간 안에 집중하여 회의하고 온라인 툴을 사용하여 회의록을 작성하고 정보를 공유하기 때문에 회의가 큰 부담이 되는 일도 없습니다.

'일의 양'이 아니라 '일의 질'을 높이기 위한 시간을 늘린다

일본의 소프트뱅크는 자사의 영업지원 툴로 IBM의 인공지능 서비스(IBM은 Cognitive Computing(인지 컴퓨팅)이라고 부르고 있습니다)인 'Watson'의 활용을 추진하고 있습니다.

'OO주식회사의 재무상황은 어떻게 되지?'
'동종업계 타사와 비교해서 어디에 문제가 있을 것 같지?'
'이 문제에 쓸만한 제안 사례는 없어?'

이와 같이 담당 영업사원이 자연스러운 한국말로 질문을 하면 Watson이 그것을 이해하고 필요한 정보를 찾아서 알려줍니다. 재무데이터는 Watson이 인터넷에서 수집하고 질문의 의도를 해석하여 정보를 찾습니다. 영업사원은 그 정보를 참고로 전략을 생각하고 제안서를 정리하여 고객에게 제시합니다.

'정보 수집은 Watson에게 맡기고 매력적인 제안을 위한 전략을 궁리하여 고객과 마주하는 시간을 늘린다' 이와 같이 '기계와 사람의 새로운 역할 분담으로 영업 활동의 질과 효율을 높이자'는 것입니다.

IT는 일의 효율 향상과 비용 절감과 같은 '일의 양'과 연결하여 생각하기 십상이지만 회의 내용의 질을 높이거나 고객 응대 시간을 늘리거나 제안 내용을 매력적으로 만드는 '일의 질'을 높이는 것도 영업 활동에는 빼놓을 수 없습니다. 이와 같이 IT는 사람밖에 할 수 없는 일에 드는 시간을 늘려 줍니다.

생산성을 극적으로 개선한다

우리나라에서는 지금까지 비용 절감, 기간 단축 등과 같이 업무 프로세스의 효율화를 위해 막대한 IT 투자를 해 왔습니다. 하지만 그것이 충분히 효과를 올리고 있다고는 할 수 없습니다. 우리나라의 노동생산성은 OECD 가맹국 34개국 중 22위, 가맹국 전체의 평균에도 미치지 못합니다. 재정위기가 우려되는 그리스보다 낮은 순위입니다.

그 원인 중 하나로 '비효율적인 근무 형태'를 들 수 있습니다. 예를 들어, 회의를 시작하기 전에 미리 '사전 교섭'을 하고 회의는 그저 '형식'적으로만 진행합니다. 회의 때는 가만있다가 회의가 끝나면 갑자기 속마음을 이야기하기 시작합니다. 그리고 다음 날이 되면 서식에 맞춰 정리된 회의록이 참가자에게 전달됩니다.

영업 현장에서 '나중에 다른 사람이 사용할 수 있도록'이라고 영업 자료의 등록을 재촉해도 분류나 태그 작업이 귀찮아서 등록이 빨리 이루어지지 않습니다. 재무 데이터를 비교하기 위한 툴도 제대로 구사하려면 그 방법을 숙달해야 합니다.

IT는 이런 문제를 해결하고 일하는 방법의 생산성을 극적으로 높여줍니다. 예를 들어, 구글의 화상 회의 시스템과 문서 작성 툴을 사용하면 원격지에 있으면서도 회의를 할 수 있고 회의록은 네트워크를 통해 공동으로 작성할 수 있습니다. 또한 마이크로소프트의 화상 회의 시스템인 Skype는 말한 내용을 그 자리에서 동시에 통역해 줍니다. '장거리 출장으로 이동 시간이 걸린다', '언어의 장벽으로 의사소통이 잘 안 된다'는 문제는 해결되고 있는 것입니다.

우수한 인재를 확보한다

우리나라의 생산가능 인구는 2016년 기준 3,762만 명에서 2025년에
는 3,576만 명으로 186만 명이 감소한다고 합니다. 일하는 사람의
수에 의존하는 일의 경우 노동의 부가가치를 높이고 생산성을 향
상시키고자 노력하지 않으면 사업은 성장하기 힘들 것입니다.

생산가능 인구의 감소는 우수한 인재의 확보도 어렵게 만들 것입
니다. 우수한 인재를 모으고 정착시키기 위해서는 다양한 근무 스
타일이나 겸업 및 부업을 인정하는 노동조건을 마련하지 않으면
안 됩니다. 육아를 위해 퇴직한 주부나, 가정 사정으로 그 지역을
떠날 수 없는 사람들이 일할 수 있는 기회를 늘리는 것도 필요합
니다.

우수한 인재는 누가 말하지 않아도 스스로 공부합니다. 일의 효율
을 올리기 위한 궁리도 마다하지 않습니다. 그런 인재에게 매력적
인 근무 스타일을 허용하고 큰 성과를 기대하기 위해서라도 IT를
더 많이 활용해야 합니다.

IT를 사용하여 원격 근무가 가능하게 되면 일하는 시간이나 장소에 구애받지 않는 근무 형태가 가능하게 되고 그로 인해 다음과 같은 일들이 가능해집니다.

- 육아 때문에 회사를 그만둔 우수한 여성들을 전력으로 활용한다.
- 요양보호 때문에 일하는 시간과 장소를 제약받는 사람도 충분히 활용할 수 있다.
- 지방 고용의 기회를 넓힌다.
- 기업의 매력을 높이고 우수한 인재를 채용한다.

새로운 근무 스타일

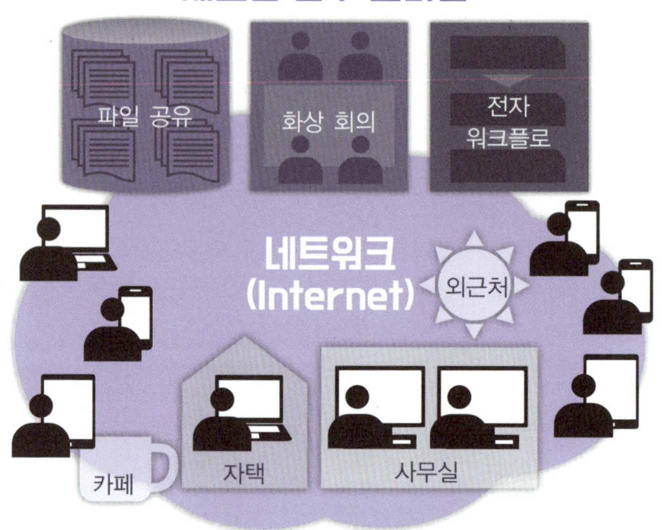

기존의 근무 스타일

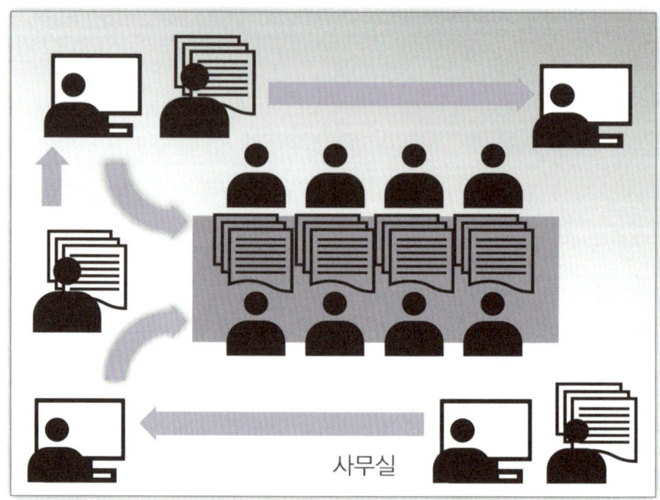

[IT로 바뀔 앞으로의 근무 스타일]

IT를 사용하여 여차할 때 어디서든 일을 할 수 있게 하는 것은 물론 노동시간도 단축시킴으로써 근무 스타일을 개혁하고 있는 기업도 있습니다. 예를 들어, 어느 IT 회사에서는 잔업을 금지하고 17시 반에는 전원이 퇴근해야 하도록 했습니다. 처음에는 당혹해 하기도 했지만 지금은 예전과는 비교할 수 없을 정도로 생산성이 올라가고 실적도 호조라고 합니다.

그러한 근무 스타일의 개혁을 지지하는 장치를 IT가 만들어 냅니다. IT는 장소나 시간에 제약을 받지 않는 근무 스타일을 실현시켜 주고 사람이 본래 해야 할 노력을 일깨워 그 능력을 이끌어내는 역할을 하고 있는 것입니다. 그것이 나아가서는 기업의 매력이 되어 우수한 인재가 모여드는 데 공헌할 것입니다.

'어디서 얼마동안 일했는지'를 요구받았던 시대에서 '어디에 있든지 충분한 성과를 올릴 수 있는지'를 요구받는 시대로 새로운 상식을 지원하기 위해 IT는 큰 역할을 해 줄 것입니다.

이노베이션이란 무엇인가?

이노베이션(innovation)의 어원을 찾아보면 15세기 라틴어인 innovatio로 거슬러 올라갑니다. in은 '안으로', nova는 '새로운'이라는 뜻으로 이 둘을 조합하여 '자신의 안쪽에 새로운 것을 받아들인다'라는 의미가 된다고 합니다.

그런데 이것이 지금과 같이 '사물의 새로운 기준을 내세운다', '새로운 방법으로 새로운 활용법을 창조한다'와 같은 뜻이 된 계기는 20세기 전반에 활약한 경제학자 조지프 슘페터입니다. 그는 1912년에 쓴 〈경제발전의 이론〉에서 이노베이션을 '신결합(neue Kombination)'이라고 부르며, 새로운 결합을 만들어내는 실행자를 '기업가(entrepreneur)'라고 불렀습니다. 또한 슘페터는 이노베이션을 다음과 같은 다섯 가지 유형으로 분류하고 있습니다.

① **새로운 재화의 생산**: 프로덕트 이노베이션
② **새로운 생산방법의 도입**: 프로세스 이노베이션
③ **새로운 판매처의 개척**: 마케팅 이노베이션
④ **새로운 매입처의 획득**: 서플라이 체인 이노베이션
⑤ **새로운 조직의 실현**: 조직 이노베이션

현재의 시각으로 생각하면 다음의 여섯 번째 유형을 추가해도 좋을 듯합니다.

⑥ **새로운 체험의 창조**: 감성 이노베이션

이것은 iPad나 iPhone과 같이 사용자 인터페이스(UI)나 사용자 경험(UX)이 새로운 경제적 가치를 낳는 시대가 되었기 때문입니다.

다시 말하면 기능뿐만 아니라 감성이 구매 행동에 큰 영향을 주고 새로운 라이프 스타일을 낳는 현상을 말합니다. 그렇게 생각하면 '감성'도 이노베이션의 한 유형으로 들어가도 좋다고 여겨집니다.

우리나라에서는 이노베이션을 '기술혁신'으로 바꿔 말하는 경우가 많은데, 이는 고도성장기에 이노베이션을 '기술혁신'으로 번역한 데서 유래했다고 합니다. 당초의 고도성장기를 생각하면 '경제발전은 기술에 의해 초래된다'는 생각이 보통이었지만, 본래는 좀 더 광범위한 경제활동 전반에 적용되는 말로 사용되고 있습니다.

또한 슘페터는 '이노베이션은 창조적 파괴를 일으킨다'고 말하고 있습니다. 그 전형적인 예로 영국의 산업혁명기의 '철도'에 의한 이노베이션을 들고 있습니다. 그는 다음과 같은 예를 소개하고 있습니다.

'마차를 몇 대 연결해도 기차는 안 된다'

즉, '철도'가 일으킨 이노베이션은 '마차의 마력을 보다 강력한 증기기관으로 대체하여 여러 대의 화물차나 객차를 연결'한 '새로운 결합'이 일으킨 것이라는 뜻입니다. 그것이 결과적으로 산업혁명을 지지하게 되었다는 것입니다.

철도에 사용되던 기술 요소 하나하나를 살펴보면 반드시 새로운 것들만은 아니었습니다. 예를 들어, 화차나 객차는 마차에서 이어받은 것입니다. 또한 증기기관도 철도가 생기기 40년 전에 발명되어 있었습니다. 즉, 이노베이션이란 '새로운 요소'가 아니라 이미 있던 요소들이 지금까지 없었던 새로운 '신결합'을 함으로써 일어난다는 말입니다.

다시 한 번 이노베이션 원래의 뜻을 생각해보면 새로운 테크놀로지의 등장에 의존하는 것이 아니라 '기존의 테크놀로지나 비즈니스 모델의 가치를 재평가하고 그 요소를 분해하여 새로 연결해보는 것'이 이노베이션을 만들어내는 계기가 될지도 모릅니다.

예를 들어, IoT(Internet of Things)를 지지하는 테크놀로지로 센서와 통신 모듈, 컴퓨터가 있습니다. 이들을 연결한 장치인 M2M(Machine to Machine: 인간을 통하지 않고 기계끼리 직접 통신하는 장치)은 예전부터 있었습니다. 단지 예전에는 그런 테크놀로지가 고가였기 때문에 공공교통기관이나 공장의 제조 장치 등과 같은 고가의 물건에만 사용할 수밖에 없었습니다. 그러던 것이 지금은 소형화, 저가화, 고성능화가 이루어져 싼 물건에도 사용할 수 있는 시대가 된 것입니다.

또한 저가의 이동회선이 보급되고 인터넷이나 클라우드의 등장으로 그런 것들을 활용할 장치도 저가로 사용할 수 있게 되었습니다. 그래서 새로운 조합을 간단히 시험할 수 있게 되었습니다. 지금은 '새로운 조합', 즉 이노베이션을 낳을 기회가 예전과는 비교할 수 없을 정도로 갖춰져 있는 것입니다.

'기존의 노하우나 사업은 오래돼서 사용할 수 없다'고 경험이 없는 미지의 분야에 무모하게 뛰어드는 것만이 이노베이션이 아닙니다.

기존의 사업 자산을 재검토하고 그 요소를 최신의 것으로 업데이트한다. 거기에 새로 등장한 테크놀로지를 요소로 조합하여 지금까지는 없었던 조합을 창조한다.

그런 노력과 시도가 이노베이션을 낳는 것입니다.

디지털 트랜스포메이션 시대가 도래한다

'**IT**와 기계가 모든 것을 한다'는 전제로 변혁을 일으킨다

디지털 데이터와 IT가 지금까지 일의 방식이나 사람과 사람의 연결을 크게 바꾸려 하고 있습니다. 이 변화를 '디지털 트랜스포메이션(digital transformation)'이라고 합니다. 트랜스포메이션에는 '모양을 바꾼다' 또는 '재편성한다'라는 뜻이 있습니다. 그렇다면 도대체 어떤 것이 어떻게 바뀌는 것일까요?

한마디로 말하자면 다음과 같습니다.

'사람이 하는 것을 전제로 최적화되어 있는 비즈니스 프로세스에서 기계가 하는 것을 전제로 최적화된 비즈니스 프로세스로 전환'

IT의 발전은 지금까지 '사람이 할 수 있는 일'을 기계로 대체하여 효율화와 비용 절감을 실현해 왔습니다. 거기에 인터넷이나 클라우드, IoT, 인공지능의 보급으로 '사람밖에 할 수 없었던 일'이나 '사람은 할 수 없는 일'을 점점 가능하도록 만들고 있습니다.

사람을 전제로 최적화된
비즈니스 프로세스
IN
OUT
기계를 전제로 최적화된
비즈니스 프로세스
클라우드 컴퓨팅
인공지능
애플리케이션
서비스
IN
OUT
IoT
로봇

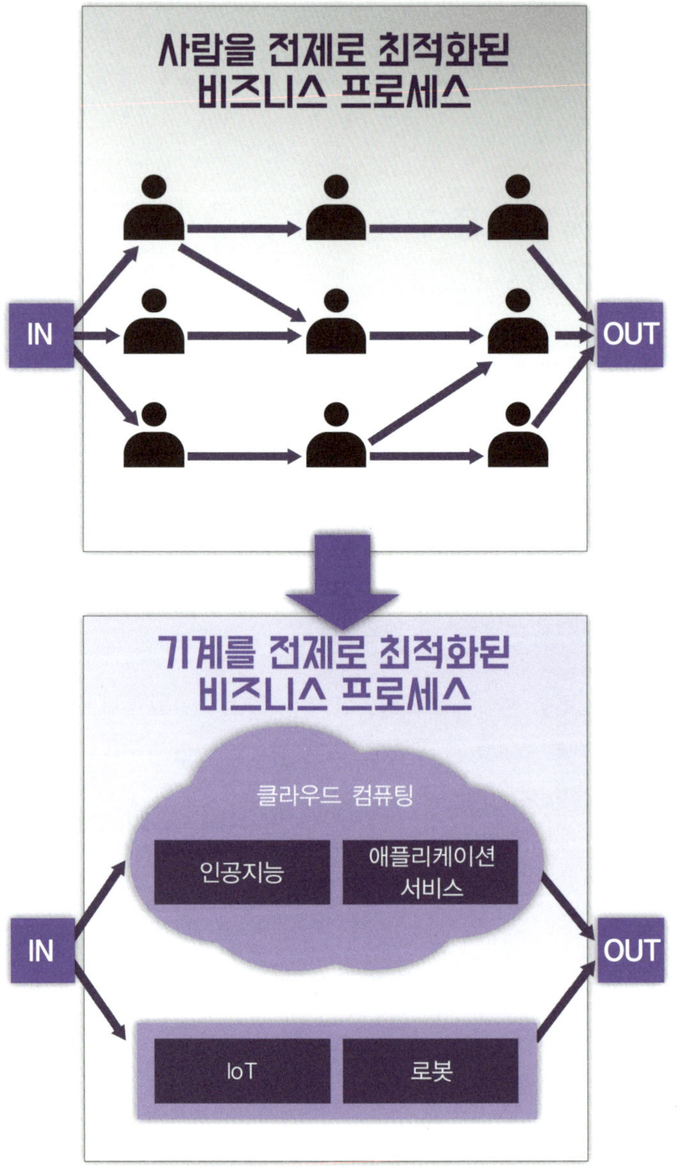

[디지털 트랜스포메이션]

그런 IT나 기계의 새로운 상식 하에 '사람이 아니라 IT나 기계가 모든 것을 하는 것을 전제로 가장 최적의 일의 흐름을 실현'한다고 생각해도 좋을 것입니다. 그래도 '사람밖에 할 수 없는 일'이 있다면 '그것은 사람이 하자'고 발상을 바꾸어 생각해 보면 지금까지의 상식으로는 생각할 수 없었던 일이 실현될지 모릅니다. 그것이 '디지털 트랜스포메이션'이 지향하고 있는 것입니다.

디지털 트랜스포메이션으로 인해 지금까지의 상식을 근본적으로 바꿔버리는 사례가 몇 가지 나왔습니다. 예를 들어, 미국의 Harley Davidson(할리 데이비슨)사는 커스텀 주문을 판매 전략으로 하는 오토바이 전업 회사입니다. 주문을 받는 펜실베니아주에 있는 요크 공장에서는 지금까지 부품 수급 관계상 15~21일 전에 주문을 마감할 수밖에 없었습니다. 그러던 것이 지금은 6시간 전으로 단축되었습니다.

또한 예전에는 8~10일분 정도 갖고 있던 부품 재고도 3시간으로 압축시켰습니다. '며칠 단축'과 같은 수준의 개선이 아니라 '몇십 분의 일'이라는 대변혁을 실현한 것입니다. 참고로 이 공장에서는 모든 제조 장치나 공장기계에 부착된 센서를 통해 가동 상태를 실시간으로 파악할 수 있는 IoT(Internet of Things) 장치를 도입하여 이러한 변혁을 실현했습니다.

독일의 아디다스사의 'Mi Adidas(마이 아디다스)'는 신발과 의류 등 다양한 상품에 대해 커스터마이징 주문을 받아 그것을 일반제품과 똑같은 가격으로 제공하고 있습니다. 가능한 커스터마이징 조합의 수는 1.4조 종류에 달한다고 합니다.

그리고 독일의 함부르크 항만국은 항구에서 짐을 싣고 내리는 작업, 트럭, 철도, 해운 등과 같은 물류를 개혁함으로써 종래 3배의 처리 능력을 실현하고 있습니다.

앞에서 소개한 운송 서비스 Uber나 민박 중개인 Airbnb도 지금까지 사람이 관여하는 것을 전제로 하던 일을 사람을 통하지 않고 IT만으로 완결시키는 장치로 대체함으로써 기존의 업계 질서를 파괴해 버릴 정도로 변혁을 이루어내고 있습니다.

IT를 활용함으로써 일의 흐름을 근본부터 다시 검토하고 '몇 퍼센트'가 아니라 '몇 배/몇십 배'의 변혁을 이룩한다.

'디지털 트랜스포메이션'은 그런 상식의 대전환을 말합니다.

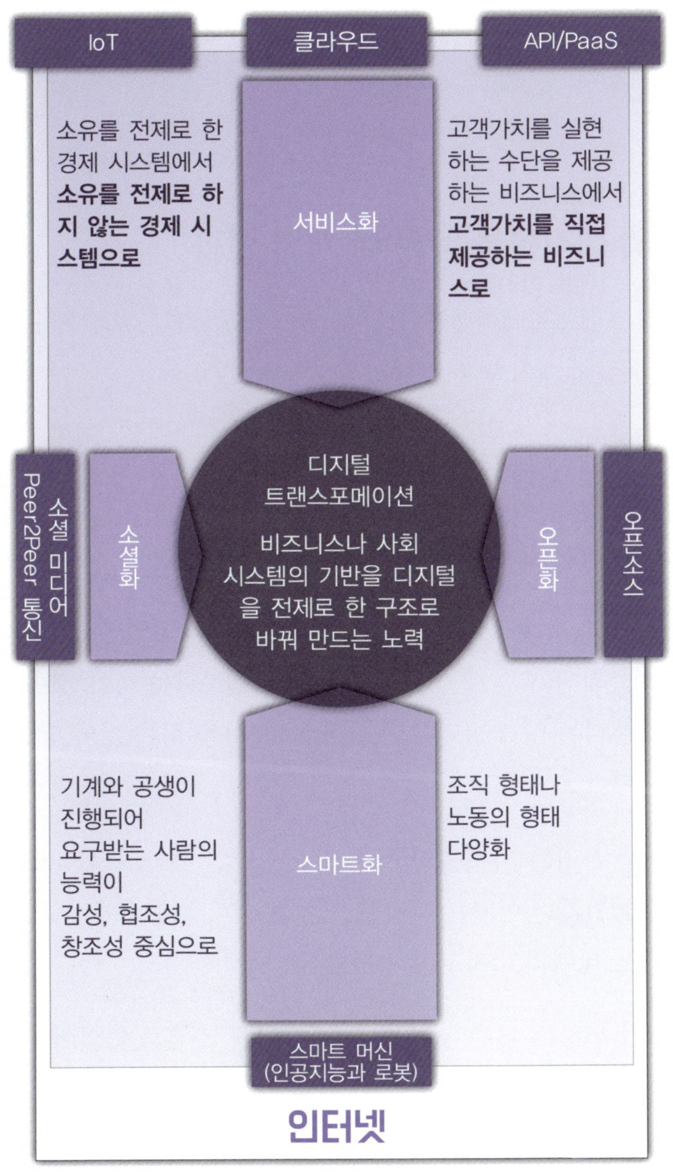

[테크놀로지 기반 시대로 시프트]

상식의 대전환을 낳은 네 개의 변화

디지털 트랜스포메이션은 '서비스화', '오픈화', '소셜화', '스마트화'라는 네 개의 변화를 낳았습니다.

■ 서비스화

제트엔진을 '출력×가동시간'으로 종량제 과금한다.
건설기기를 측량, 설계, 자동운전과 함께 서비스로 제공한다.

'물건을 팔아서 돈을 번다'가 지금까지의 상식이었던 제조업계에도 서비스화의 흐름이 생겨났습니다. 또한 '소유'하는 것이 당연했던 컴퓨터는 이제 클라우드 서비스로 '사용'하는 것이 당연해지려고 합니다.

지금까지 우리는 가치를 만들어내는 수단인 기계와 컴퓨터를 소유해야 했었지만 이제는 다양한 가치를 서비스로 손에 넣을 수 있는 시대로 바뀌려고 하고 있습니다.

사람들이 원하는 것은 결과입니다. 수단을 소유하지 않아도 서비스로 요구되는 가치를 직접 손에 넣을 수 있다면 사람들의 수요가 그쪽으로 시프트되는 것은 자연스러운 흐름입니다.

미쉐린이나 코마츠, 롤스로이스 등과 같은 '사물의 서비스화'에
대한 노력은 그러한 움직임을 상징합니다.

■ 오픈화

특정 기업이 점유하는 기술이나 제품이 아니라 폭넓고 많은 사람이 관여하
는 기술이나 제품의 발전 속도가 보다 빠르고 안심과 안전도 확보된다.

이러한 '오픈'이라는 상식이 널리 받아들여지고 있습니다.

예를 들어, 스마트폰의 카메라 기능은 디지털 카메라의 강력한 라
이벌이라 여겨졌습니다. 그 이유로 '간편함'을 드는 사람이 많겠
지만 사실은 그뿐만이 아닙니다. 스마트폰으로 촬영한 사진은 바
로 페이스북이나 인스타그램과 같은 소셜 미디어에 올려서 모두
가 공유하여 즐길 수 있습니다.

또한 사진 편집 앱을 사용해서 수정을 하고 장식이나 캡션을 붙
이는 일도 간단히 할 수 있으며 소셜 미디어에 올려서 같이 '즐길
수'도 있습니다. 더욱이 사진에 찍힌 인물이나 배경 또는 장면을
인공지능이 분석하여 테마별로 분류하여 등록해 주는 클라우드
앨범 서비스도 등장했습니다.

이와 같이 스마트폰의 카메라 기능 외에 다양한 서비스와 간단히 연결되어 새로운 부가가치가 생겨나 그 매력도 증가해 가는 것입니다.

더욱이 오픈이라는 것이 이제는 사회 정의와도 가까운 감각이 되어 버렸습니다. 스스로가 오픈된 커뮤니티 안에서 공헌하고 리더십을 보이는 것이 사회적 평가를 높이고 비즈니스를 성장시키는 원동력이 된다는 것을 많은 사람들이 받아들이기 시작했습니다. 아직 이를 받아들이지 못하고 밀실에서의 의사결정이나 경영판단이 기업의 가치를 크게 훼손하는 사건이 줄을 잇고 있지만 '아랍의 봄'이나 '홍콩에서의 민주화 데모' 등 오픈화는 이제 정치도 움직이는 큰 힘이 되었습니다.

누구나 스마트폰을 갖고 있듯이 인터넷이나 소셜 미디어를 통해 공개된 정보가 오고가는 시대, 비즈니스는 '오픈'을 내 편으로 만들어야 하는 시대가 되었습니다.

Uber나 Airbnb 등과 같은 쉐어링 이코노미, 3D 프린터를 활용한 '네트워크형 제조', FinTech에 보여지는 다양한 서비스의 조합으로 인한 새로운 비즈니스 모델은 그런 오픈화에 의해 지지되고 있습니다.

이제 세상은 오픈이 지지하고 오픈이 아니면 살아남을 수 없게 되었다고 해도 좋을 것입니다.

■ 소셜화

인터넷의 보급과 함께 커뮤니케이션 비용이 상당히 내려갔습니다. 또한 누구나 스마트폰을 소유하고 정보를 그 발생원으로부터 직접 손에 넣을 수 있게 되었습니다. 그 결과 정보의 유통을 관리 통제함으로써 권력이나 부를 유지해 온 중개자는 그 역할을 잃어가고 있습니다. 인터넷이나 소셜 미디어, 스마트폰의 보급은 그런 '정보의 민주화'를 가속시키고 있습니다.

Uber나 Airbnb 등으로 대표되는 쉐어링 이코노미는 이런 흐름을 기반으로 수요와 공급을 직접 연결시킴으로써 기득권자의 이익을 파괴하는 새로운 비즈니스를 등장시켰습니다.

■ 스마트화

한 사람 한 사람의 취미와 기호에 맞춰 개별적으로 대응하자면 시간과 비용이 듭니다. 그래서 대량 생산이나 표준화, 전체 최적화야말로 사회의 바람직한 모습이라고 말해져 왔습니다.

하지만 IoT의 보급으로 '개별 사실'을 세세하고 실시간으로 파악할 수 있게 되어 이 상식도 바뀌고 있습니다.

IoT에 의해 수집된 '개별 사실'은 인공지능이 분석하여 각각의 사실이나 의향을 짐작합니다. 그리고 전체를 고려하면서도 가능한 한 개별 요구를 처리하려고 할 것입니다. 더욱이 인공지능은 대량의 '개별 사실'을 분석하고 새로운 지견, 미래 예측, 최적의 판단을 촉진하여 우리가 사는 현실 사회를 보다 쾌적하게 만들어 줍니다.

또한 기계가 인간을 대신해서 해주는 범위는 더욱 확대되어 갈 것입니다. 그동안 육체적으로나 지적으로도 시간과 노력을 들임으로써 만들어낸 가치는 이제 기계가 대신 제공해 줍니다. 왜냐하면 그 쪽이 훨씬 효율적이고 정확하며 안전하기 때문입니다.

한편 사람의 역할은 크게 바뀌어 갈 것입니다. 감성이나 협조성, 창조성이 지금보다 훨씬 증대되고 중시되어 사람은 새로운 진화의 단계에 서게 될 것입니다.

앞에서 소개한 FinTech, 농업 IT, 마케팅 오토메이션뿐만 아니라 정보 시스템의 개발이나 운용관리, 비서 서비스나 건강 어드바이저 등 다양한 분야에 인공지능이 내장되고, '사람밖에 할 수 없다'고 여겨지던 일을 기계만으로 할 수 있게 바뀌어 갈 것입니다.

이러한 디지털 트랜스포메이션이 방아쇠가 되어 우리의 사회나 앞으로의 비즈니스에 큰 영향을 초래할 기술 중 특히 주목해야 할 것이 인공지능(Artificial Intelligence)과 IoT(Internet of Things: 사물인터넷)입니다.

다음 장에서는 이 두 가지 테크놀로지와 그 발전을 떠받치는 인터넷과 클라우드 컴퓨팅에 대해 가장 기초적인 것만 선별하여 설명하겠습니다.

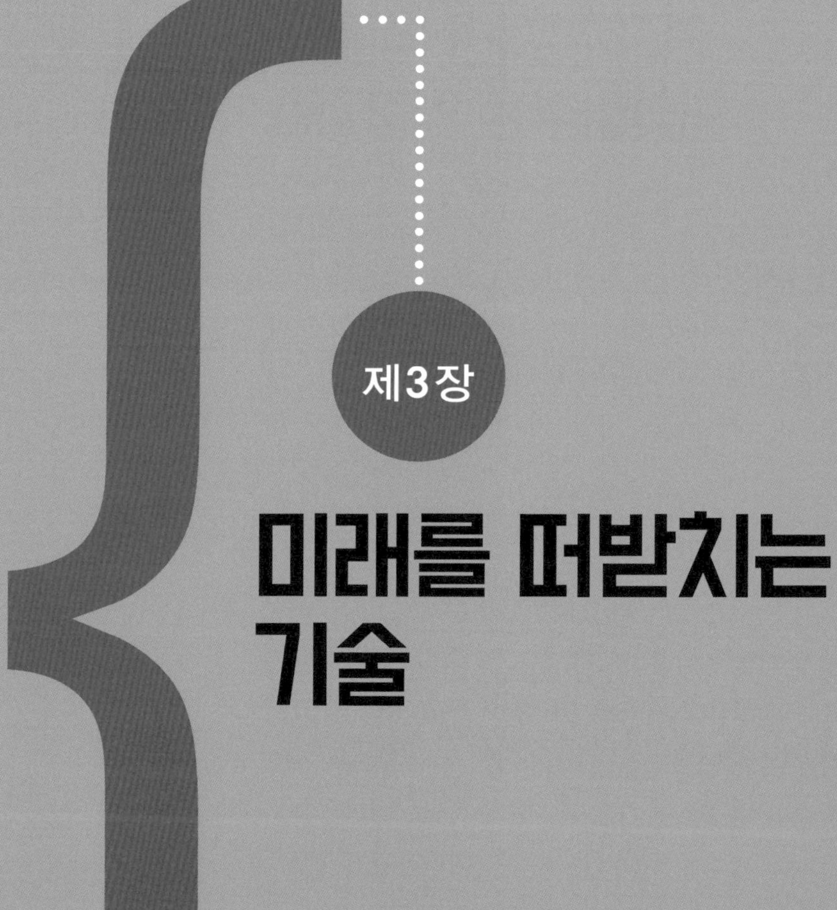

미래를 떠받치는 기술

인간 본래의 역할을 되찾아주는 인공지능

'인간의 지적 활동을 기계로 대체한다'고 '인공지능'이라 부르는 이 기술은 이제 더 이상 SF 영화 속 이야기가 아니라 이미 우리의 일상에 다양한 혜택을 불러일으키고 있습니다.

다양한 분야에서 이용이 확대되다

인공지능은 이미 다양한 분야에서 사용되고 있습니다.

- 암에 대한 방대한 의학문헌을 분석하고 환자의 진단 소견과 대조하여 의사의 진단을 도와준다.
- 실제 가게에 방문한 고객의 행동을 카메라로 포착한 영상을 분석하고 방문자 수나 연령, 성별, POS 데이터와 조합하여 상품의 레이아웃이나 점포의 배치를 조언해준다.
- 뢴트겐 사진, MRI, CT 스캔, 현미경 사진 등과 같은 이미지를 해석하여 병의 유무나 위치를 조언해준다.
- 콜센터에 문의한 내용을 듣고 적절한 응답을 오퍼레이터에게 조언해 준다.
- 방대한 전자문서 중에서 재판의 증거를 자동으로 찾아준다.

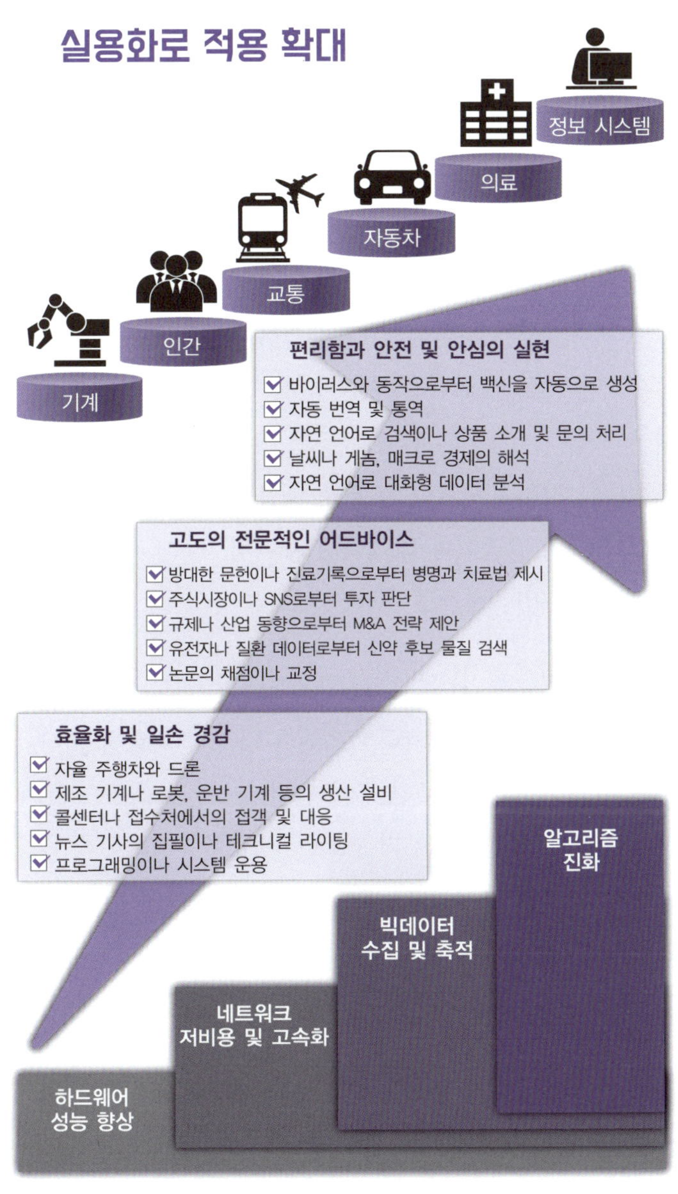

[인공지능의 진화와 적용 영역의 확대]

다시 정리해보면 다음과 같습니다.

■ 효율화 및 일손 경감

- 자율 주행차와 드론
- 제조 기계나 로봇, 운반 기계 등의 생산 설비
- 콜센터나 접수처에서의 접객 및 대응
- 뉴스 기사의 집필이나 테크니컬 라이팅
- 프로그래밍이나 시스템 운용

■ 고도의 전문적인 어드바이스

- 방대한 문헌이나 진료기록으로부터 병명과 치료법 제시
- 주식시장이나 SNS로부터 투자 판단
- 규제나 산업 동향으로부터 M&A 전략 제안
- 유전자나 질환 데이터로부터 신약 후보 물질 검색
- 논문의 채점이나 교정

■ 편리함과 안전 및 안심의 실현

- 컴퓨터 바이러스와 동작으로부터 백신을 자동으로 생성
- 자동 번역 및 통역
- 자연 언어로 검색이나 상품 소개 및 조회 처리

- 날씨나 게놈, 매크로 경제의 해석
- 자연 언어로 대화형 데이터 분석

'대체'와 '지원', '조언'과 '강화'로 인간의 능력을 확장시키다

인공지능이나 이를 내장한 기계인 스마트 머신은 두 가지를 실현하려고 하고 있습니다. 첫째는 '사람밖에 못했던 일'을 대체하여 효율화하는 것이고, 둘째는 '사람은 할 수 없었던 일'을 가능하게 해서 사람의 능력을 확장시키는 것입니다.

[스마트 머신이 실현하려고 하는 일]

전자의 키워드는 '대체'와 '지원'입니다. 자율 주행차가 트럭이나 택시 운전수를, 작업용 로봇이 공장의 작업원을, 자율형 무인기가 조종사를 대체해 갈 것입니다.

또한 음성을 인식하고 말의 뜻이나 문맥을 해석하여 검색이나 프로그램 조작을 대체해 줍니다.

후자의 키워드는 '조언'과 '강화'입니다. 사람은 평생 걸려도 다 읽지 못하는 방대한 학술문헌이나 법률 문서를 읽고 분석하여 최적의 해석과 판단 기준을 제시해 줍니다. 또한 방대한 물질의 조합을 검증하고 유전자나 단백질의 합성 메커니즘을 찾아내 지금까지 없었던 약이나 개인에게 최적화된 커스터마이징 약을 만들어내는 것을 도와줄 것입니다.

범죄 현장이나 내용을 예측하고 지정된 지역의 순찰을 강화함으로써 검거율을 높이고 범죄의 발생률을 줄인 도시도 있습니다.

더욱이 사람의 부족한 능력을 보완하고 강화해 줍니다. 예를 들어, 장애자나 고령자의 근력이나 인지능력을 로봇과 함께 보완하여 일상생활을 쾌적하게 만들어 줍니다. 말이 다른 사람끼리 실시간으로 대화하고 의사소통을 할 수 있는 세상도 실현될 것입니다.

인공지능의 역사와 새로운 전개

'전자두뇌를 실현한다' 1940년대에 프로그램이 가능한 전자계산기의 등장에 촉발되어 '사고하는 기계를 만들 수 있지 않을까?'라는 논의가 시작되었다고 합니다. 당시 최신 신경학의 성과로 '뇌의 신경세포는 전기적 네트워크로 구성되어 ON과 OFF라는 펄스의 조합에 의해 사고된다'는 것이 밝혀졌습니다.

'사고기계'의 연구는 이러한 뇌의 구조를 기계로 재현하려고 한데서 출발했습니다. 당시는 아직 컴퓨터가 보급되기 전이기도 했고 아날로그 회로를 만드는 연구가 중심이었습니다.

1950년대에 컴퓨터를 사용할 수 있게 되면서 '수를 조작할 수 있는 기계는 기호도 조작할 수 있을 것이다'라고 생각하여 컴퓨터를 사용한 사고기계의 연구가 시작되었습니다.

1956년 미국 다트머스에 연구자들이 모여 '드디어 인간의 '지능'을 기계로 인공적으로 재현할 수 있게 된다'라는 생각을 제창하고 이를 'Artificial Intelligence(인공지능)'라고 이름을 붙인 것입니다.

1958년 뇌의 신경활동을 수식 모델화하여 컴퓨터에게 처리시키는 초보적인 기술인 'Perceptron'이 등장했습니다. 또한 1960년대에 들어서 기억처리를 위한 룰이나 수식을 프로그램화하여 사고나 추리 등 사람이 행하는 '지적 활동'과 똑같은 일을 하게 하려는 연구도 그 영역을 넓혀갔습니다.

하지만 컴퓨터의 능력과 기억처리 규칙을 사람이 모두 기술해야 한다는 점에서 한계가 보이기 시작했고, 그 결과 실제로 사용할 수 있는 성과를 올리지 못한 채 1970년대에 들어서 인공지능의 연구는 겨울을 맞이하게 되었습니다.

1980년대에 들어서 '엑스퍼트 시스템(expert system)'이 등장했습니다. 이것은 특정 분야로 좁혀서 그 전문가의 지식이나 노하우를 규칙화하여 컴퓨터에게 처리시키려고 하는 것이었습니다. 예를 들어, '계측 결과로부터 화합물의 종류를 특정한다', '복잡한 컴퓨터의 하드웨어나 소프트웨어 구성을 과부족 없이 조합한다' 등 특정 영역으로 한정하면 실제 사용에서 성과를 올릴 수 있으리라 생각한 것입니다.

또한 규칙 처리를 효율적으로 수행하는 '논리 컴퓨터'에 대한 연구도 시작되었습니다. 1981년 일본의 통산성은 '제5세대 컴퓨터 프로젝트'로써 이 연구를 지원했습니다. 이에 대항하듯이 영국과 미국에서도 똑같은 프로젝트가 시작되었습니다.

1984년에 엑스퍼트 시스템의 연장선상에서 '사람의 지식을 모두 기술하자'는 프로젝트가 미국에서 시작되었습니다. 예를 들면, 다음과 같은 지식입니다.

'한국의 수도는 서울이다'
'인도 건국의 아버지는 간디다'
'고래는 포유류다'

지적 활동 재현
빅데이터, IoT
2000년대
통계 · 확률론적 접근
방대한 데이터를 베이스
이론에 근거한 통계적 수법으로
스스로 규칙을 생성하고
정보처리를 한다.
인터넷 등장
1980년대
룰 베이스 접근 방식
전문가의 지식이나 노하우를
규칙화하여 컴퓨터에게 처리를
수행하게 한다.
1960년대
기호처리 방식
기호처리를 위한 규칙이나
수식을 프로그램화하여 사고나
논리 등 사람이 행하는 정보처
리를 수행하게 한다.
2010
2000
1990
1980
1970
1960
1950
뇌의 활동 재현
2006년
뇌 과학적 접근
뇌 과학의 연구 성과를
도입하여 보다 뇌의
신경활동을 충실히 재현
하드웨어의 성능 향상
인공지능의 겨울
PC 등장
인공지능의 겨울
메인프레임 등장
1958년
Perceptron
뇌의 신경활동을 수식
모델화하여 컴퓨터에게
처리시키는 초보적인 뉴럴
네트워크

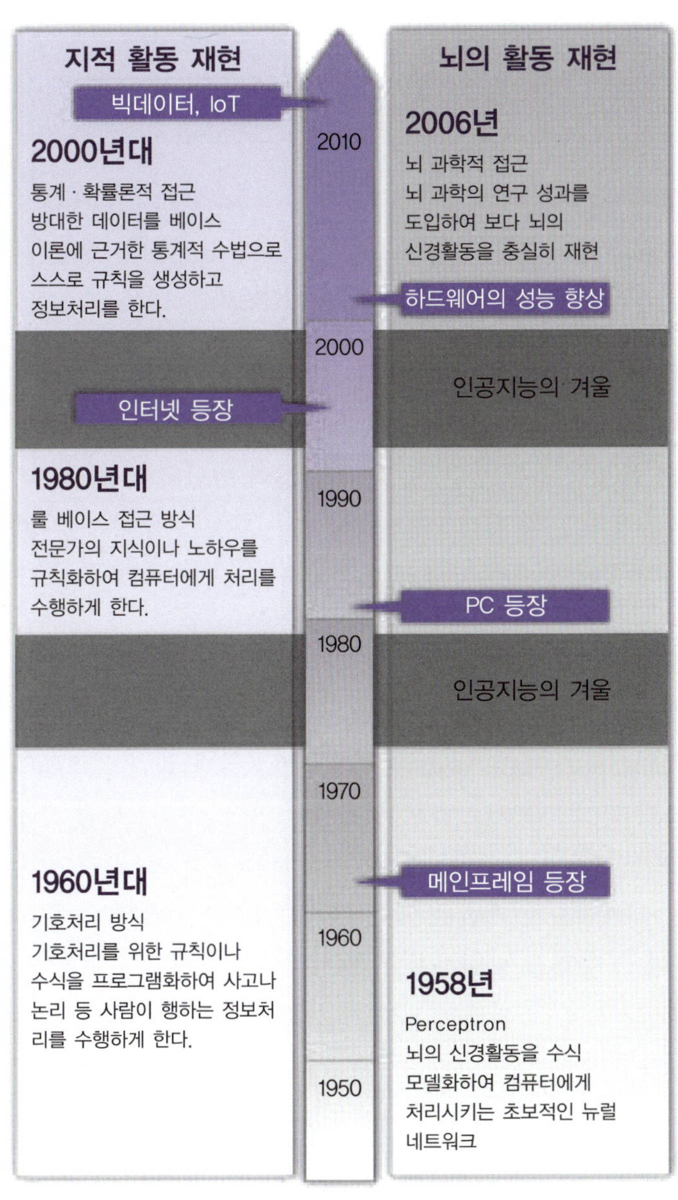

[인공지능 연구의 역사]

이와 같은 지식을 규칙으로 기술하고 사람과 똑같은 추론이 가능한 시스템을 구축하는 것을 지향한 것입니다.

하지만 지식은 항상 늘어갑니다. 그보다 사람이 알고 있는 지식이 헤아릴 수 없을 정도로 많아서 그것을 표현하고 해석이나 의미의 다양성을 처리하는 일은 결코 쉬운 일이 아닙니다. 결국 '지식이나 규칙을 넣으면 똑똑해지겠지만 모든 지식을 다 기술할 수는 없다'는 한계에 봉착하여 이 연구도 시들해져 갔습니다.

2000년대에 들어서 다양하고 방대한 데이터가 인터넷 상에 모아지게 되었고 컴퓨터의 성능도 예전과는 비교할 수 없을 정도로 향상되었습니다. 그래서 특정 업무나 분야에서의 데이터를 해석하고 그 결과로부터 분류나 구별, 판단이나 예측을 하기 위한 규칙성이나 룰을 찾아내는 수법인 '기계학습(Machine Learning)'이 등장했습니다. 기계학습의 개념은 예전부터 있었지만 컴퓨터의 성능이 부족하여 그 능력을 발휘하지 못했던 것이 컴퓨터의 성능 향상과 수법의 발전으로 그 능력을 높여 갔습니다.

그 후 최신 뇌 과학의 연구 성과를 도입하여 뇌의 신경활동을 보다 충실히 재현하려고 하는 '딥러닝(Deep Learning)'이 등장했습니다.

이 새로운 연구는 지금까지의 인공지능 연구 성과의 한계를 모조리 깨뜨렸으며 실제 사용에 있어서도 많은 성과를 올리고 있습니다.

인공지능, 기계학습, 딥러닝의 관계

'사람의 지능을 기계를 사용해 인공적으로 재현한 것이 드디어 실현된다' 이런 이상을 품고 인공지능의 연구가 출발했지만 '지능이란 무엇인가?'가 모두 해명되어 있는 것은 아닙니다. 그래서 '지능을 기계로 실현하기' 위한 연구는 여러 분야로 나눠져 있습니다. '기계학습'이라는 말도 그런 인공지능 연구 분야 중 하나입니다.

기계에게 지능을 부여하기 위해 예전에는 '사물'을 이해하기 위한 규칙을 사람이 일일이 가르쳤습니다. 이러한 방법을 룰 기반이라고 합니다. 하지만 사물은 실제로 너무 다양하고 복잡합니다. 그 룰을 사람이 모두 기술하여 가르치는 것은 비현실적이기 때문에 이 방법은 한계에 부딪혔습니다. '기계학습'은 데이터를 해석함으로써 컴퓨터 자신이 룰 작성을 수행하게 하는 것입니다.

인공지능(Artificial Intelligence)
사람의 '지능'을 기계를 사용해
인공적으로 재현한 것
응용적
엑스퍼트 시스템
게임
정보 검색
음성 인식
휴먼 인터페이스
화상 인식
데이터 마이닝
뉴럴넷
로봇
감성 처리
멀티에이전트
자연 언어 이해
플래닝
추론
탐색
유전 알고리즘
지식표현
기초적
기계학습
인공지능의 한 연구 분야

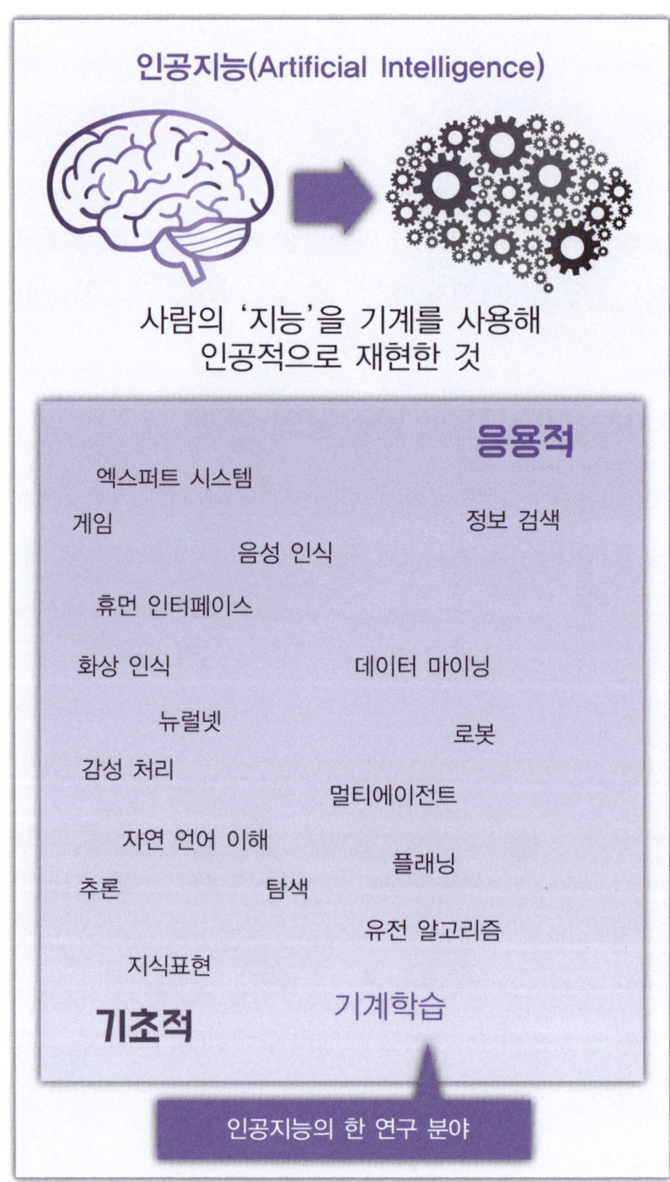

[인공지능과 기계학습]

'기계학습'은 대량의 학습 데이터를 기계에게 읽혀서 분류나 판단과 같은 추론을 위한 룰을 기계가 스스로 만들게 하는 장치입니다. 그 프로세스는 크게 '학습'과 '추론', 이 두 가지로 나눌 수 있습니다.

■ 학습

대량의 학습 데이터로부터 특징을 추출하여 추론을 수행하기 위한 모형이 되는 '추론 모델'을 만드는 프로세스입니다.

학습을 하려면 입력된 데이터에 어떤 특징이 있는지를 사람이 찾아내 설정할 필요가 있습니다. 예를 들어, 개와 고양이를 구별하여 분류하는 경우 눈과 귀의 거리, 귀의 접힌 정도, 털의 색깔 등과 같은 특징의 조합을 사람이 결정해야 합니다. 이러한 특징의 조합을 '특징량'이라고 합니다. 이 특징량을 근거로 대량의 데이터를 분석하고 그것을 구별 및 분류하는 데 최적의 특징량의 값을 결정해 가는 과정이 '학습'입니다.

이와 같이 '컵이라는 것'을 특정하는 특징량의 값과 그 조합, 즉 '추론 모델'이 만들어지는 것입니다.

학습
대량의 학습 데이터
특징 추출
사람에 의한 특징량 설정
종래의 기계학습
분류에 필요한 특징은 전문가가 설정 및 조합
기계에 의한 특징량 설정
딥러닝
분류에 필요한 특징은 기계가 설정 및 조합
추론 모델 생성
(룰이나 특징 패턴)
추론 모델 저장
추론
미지의 데이터
특징 추출
추론 모델 적용
(추론 엔진/특징 매칭)
추론 결과
'이것은 고양이입니다'

[기계학습의 구조]

■ 추론

주어진 데이터를 추론 모델에 적용시켜 추론 결과를 도출해내는 프로세스입니다.

예를 들어, 미지의 사진으로부터 그 특징량의 값을 추출하여 미리 마련되어 있는 '추론 모델'과 그 특징량의 값을 대조합니다. 그것이 고양이의 특징을 나타내는 추론 모델과 가까우면 '이것은 고양이입니다'라는 추론 결과가 나옵니다.

기계학습이 등장하기 전에는 사람이 경험에 입각하여 추론모델을 생성했었습니다. 이를 '룰 베이스(rule-base)'라고 합니다. 하지만 사물이나 일의 종류는 많고 또 복잡합니다. 그것을 적당한 정밀도로 추론하는 룰을 사람이 만들기는 쉽지 않은 일입니다. 그래서 이 수법은 곧 쇠퇴해 갔습니다.

이후 인터넷의 보급으로 인해 대량의 데이터를 손쉽게 손에 넣을 수 있게 되었다는 점과 대규모의 데이터를 효율적으로 처리할 수 있는 소프트웨어가 충실해졌다는 점으로 인해 기계학습의 실용성이 크게 향상되었습니다.

그리고 최근에는 사람의 뇌 활동에 대한 연구가 발전되어 그 성과를 응용한 기계학습의 한 방법인 '딥러닝'이 등장했습니다. 딥러닝이 등장하기 이전의 기계학습에서는 사람이 특징량을 결정하고 설정해야 했었습니다. 이에 비해 딥러닝에서는 기계가 데이터를 해석하여 자동으로 최적의 특징량을 찾아내 줍니다. 사람의 경험치나 착각에 좌우되는 일 없이 해석할 데이터의 양이 늘면 늘수록 그 성능을 향상시킬 수 있습니다. 그 결과 지금은 이미지나 음성 인식 등에서는 사람의 능력을 능가하는 성능을 발휘하고 있습니다.

딥러닝은 이미 실용에도 사용되고 있습니다.

- CT(Computer Tomography: 컴퓨터 단층 촬영법) 영상으로부터 병이 있는 곳을 찾아낸다.
- 방범 카메라에 찍힌 방문객의 거동으로부터 절도의 가능성을 알아차린다.
- 다른 언어로 된 대화를 실시간으로 번역한다.

그 외에도 앞에서 소개한 구글의 '알파고(Alpha Go)'나 기본적인 동작을 가르치면 스스로 시행착오를 거쳐 숙련된 기술을 몸에 익히는 산업용 로봇 등에도 이 기술이 사용되고 있습니다.

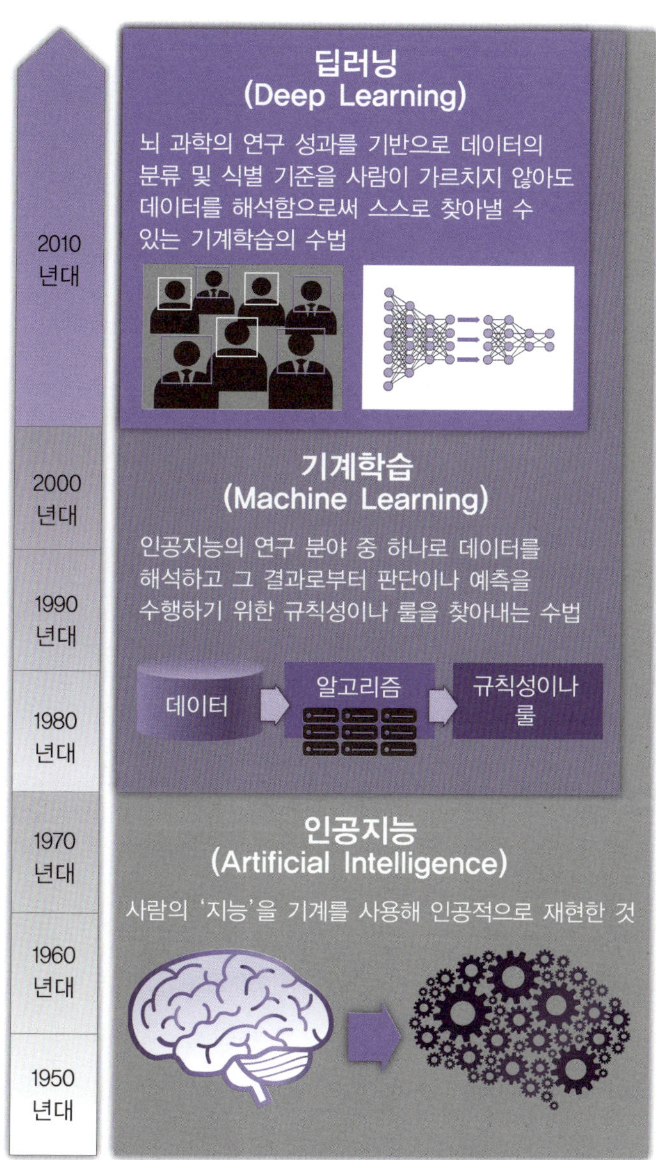

[인공지능, 기계학습, 딥러닝의 관계]

사람이 가르치지 않아도 삼라만상에서 패턴을 발견하고 세계를 분류 및 정리한다.

이런 일이 실현되고 있습니다.
알고리즘(컴퓨터에서 계산할 때의 방법)의 발전에 더해 컴퓨터의 성능 향상이 기계학습을 발전시켰습니다. 또한 나중에 설명할 IoT와 인터넷의 보급으로 세상의 데이터를 대량으로 모으는 장치가 마련되면서 기계학습에서 이용할 수 있는 데이터가 증가했습니다. 그 결과 인공지능은 더욱 똑똑해지고 용도도 확대되어 가고 있습니다.

기계학습은 어디에 사용되는가

우리의 일상생활이나 사회활동에는 다양한 패턴(규칙성)이 들어 있습니다. 그러한 패턴은 사람이 미리 정한 규칙이나 룰에 따라 만들어지는 경우도 있지만 '뭔가 패턴이 있을 것 같은데 그게 뭔지 모르겠다' 또는 '패턴의 존재 자체를 인식하지 못하는 경우'도 있습니다. 방대한 데이터 속에서 거기에 숨어있는 규칙성(패턴)을 찾아내는 것이 기계학습입니다.

기계
사람
교통
자동차
의료
정보 시스템
기계학습
(Machine Learning)
패턴, 규칙, 관계 등과 같은
특징을 추출하여 룰을 생성
검색
분류
판별
감지
예측
최적화
추론
판단
어드바이스
의사결정
기기제어

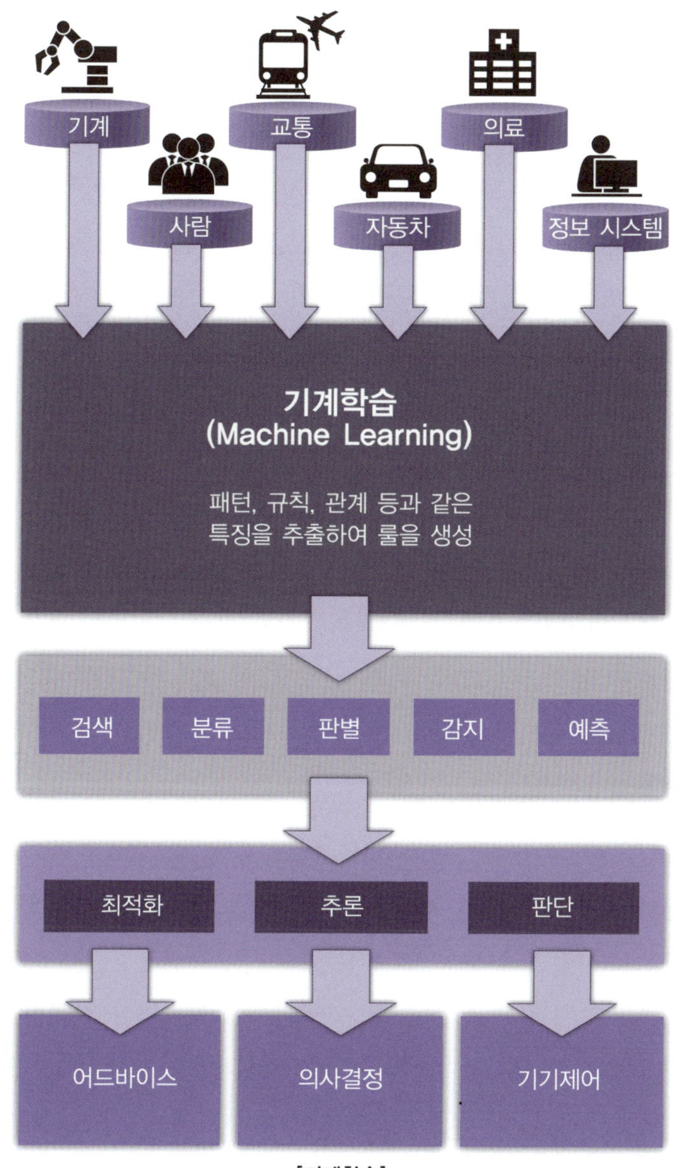

[기계학습]

예를 들어, 기계가 고장을 반복하고 있다고 가정했을 때 왜 그런 일이 일어나는지 알지 못합니다. 그래서 가동시간과 사용방법, 작업자 등 관련이 있을 것 같은 데이터를 폭넓게 수집하여 고장이 일어날 때의 패턴을 찾아내면 그 원인을 규명할 수 있을 것입니다. 또한 똑같은 패턴이 등장했을 때는 '고장일지도 모른다'고 예측할 수 있어 사전에 대처할 수 있습니다.

그 외에도 웨어러블 단말기를 착용한 사람들의 정보를 대량으로 모아 분석하면 그 사람의 행동이나 식사, 생활, 질병과의 관계를 발견할 수 있습니다. 그렇게 되면 병을 일으킬 것 같은 행동이나 식사, 생활의 패턴을 갖고 있는 사람에게 생활개선을 촉구하고 질병 예방에 도움을 줄 수 있습니다.

패턴은 이와 같은 일상생활이나 사회활동 외에도 여러 분야에서 이용됩니다. 예를 들어, 인물 사진을 찍어 페이스북에 올리면 자동으로 그 사람의 이름이 표시되는 것이 있습니다. 이것은 페이스북에 올려진 많은 인물 사진을 분석하고 얼굴의 특징 패턴과 이름의 관계를 데이터로 축적하여 새로운 인물 사진이 올라왔을 때 그 특징 패턴과 아주 비슷한 인물의 이름을 표시하도록 하고 있기 때문입니다.

또한 의외라고 생각할지 모르겠지만 기계번역도 똑같은 방법을 사용하고 있습니다. 예를 들어, 동일한 내용의 영어와 한국어 문서를 대량으로 수집하여 공통되는 단어나 표현이 등장하는 패턴을 발견하고 '영어로 이 표현을 사용할 때는 한국어로 이런 표현을 사용한다'라는 관계를 축적해 놓은 후 영어 문장을 입력하면 그에 대응하는 한국어 표현으로 변환해 주도록 할 수 있습니다. 이와 같은 방법으로 언어 고유의 문법에 의존하지 않는 언어 간 통역이 가능해집니다. 이미 많은 언어에서 이러한 기계번역이 사용되고 있습니다.

인공지능이 안고 있는 과제와 한계

'2045년에 컴퓨터가 전 인류의 지성을 뛰어넘을 것이다'

미국의 미래학자이자 구글의 연구자이기도 한 레이 커즈와일은 컴퓨터의 진화가 도착할 목적지에는 이런 시점이 기다리고 있으며 그 후에는 어떤 일이 일어날지 모른다고 했습니다. 이를 '특이점(Singularity)'라고 합니다. 과연 정말 이런 일이 일어날지 모르겠지만 적어도 현시점에서는 아직 과제가 많이 있습니다.

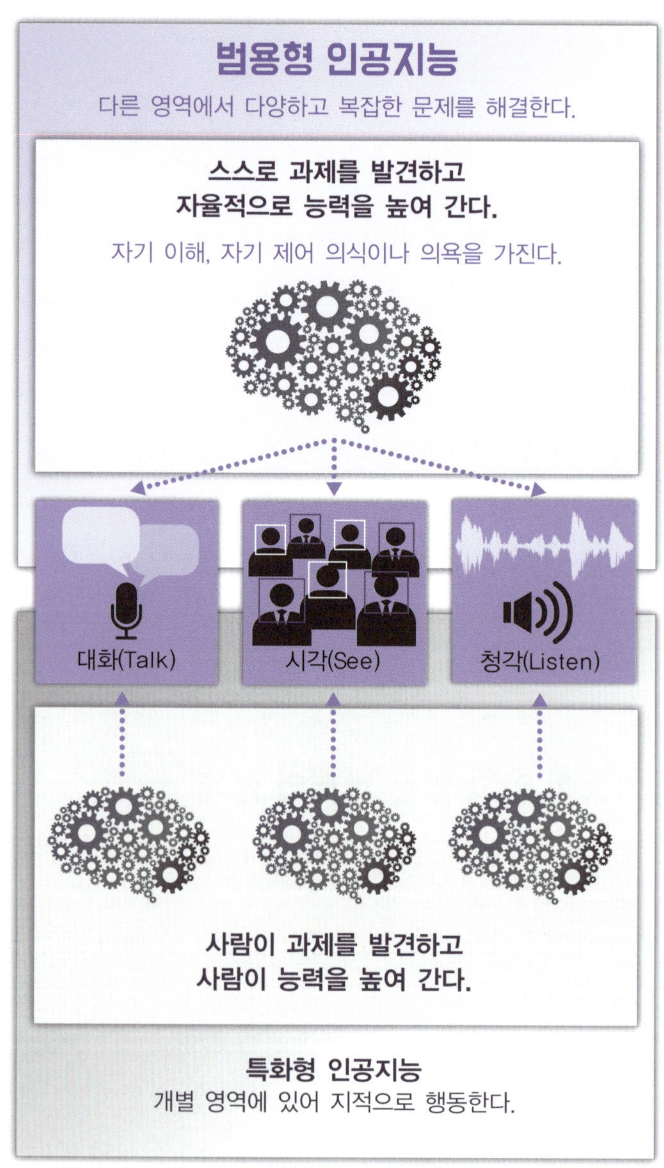

[인공지능의 두 가지 방향성]

분명 인공지능의 발전은 최근 몇 년 동안 눈이 휘둥그레질 정도로 발전되어 사람의 능력에 필적하거나 그 이상의 능력을 발휘하는 것도 있습니다. 하지만 그 성과는 화상 인식이나 음성 인식, 대화 응답과 같은 '특정 지적 작업 분야에서 인간의 능력을 뛰어넘은 것'에 지나지 않습니다. 예를 들면 '대량의 토사를 섞는 데는 불도저가 인간의 능력을 뛰어넘었다'라고 하는 것과 비슷한 이야기입니다.

바둑의 세계 챔피언에게 이긴 구글의 인공지능 알파고가 '자신이 승리한 경험을 활용하여 더욱 새로운 분야에 도전하려고 결의하는 일'은 없습니다. 또한 사람의 뇌는 그 하나로 바둑도 할 수 있고 책도 읽을 수 있으며 대화도 할 수 있는 등 여러 가지 일을 할 수 있는 '범용 두뇌'이지만 알파고는 바둑밖에 둘 수 없는 '전용 두뇌'(특화형 인공지능)입니다.

더욱이 알파고가 프로 기사에게 이기기 위해 사용한 컴퓨터는 소비 전력도 막대합니다. 비유하자면, 젓가락을 올렸다 내리는 일에 크레인을 사용하는 것과 같습니다. 사람의 뇌는 아주 적은 에너지로 알파고와 대등한 승부를 했으므로 사람의 뇌가 얼마나 효율이 좋은지 알 수 있습니다.

인공지능은 '자신이 누구인지?'라는 자기 이해가 불가능합니다. 또한 의식이나 의욕 등의 경우도 그것이 본래 무엇인지, 어떤 구조로 실현되고 있는지 조차 아직 잘 알지 못합니다. 에너지 효율도 사람의 뇌에 미치지 못합니다. 이런 것들을 모두 포함하여 '뇌 기능'이라고 한다면 뇌의 활동을 모두 기계로 실현하는 것은 결코 간단한 일이 아니라는 것을 이해할 수 있습니다.

물론 그러한 뇌 전체의 기능이나 구조를 해명하고 그것을 '범용형 인공지능'으로 실현하려는 연구도 일어나고 있습니다. 장래에는 의지를 가지고 스스로 과제를 발견하고 자율적으로 능력을 높여 가는 인공지능이 등장할 가능성도 있습니다. 그렇게 된다면 커즈와일이 말한 특이점이 현실로 나타나겠지요. 하지만 지금 단계에서는 아직 허들이 높은 것도 현실입니다.

현재의 인공지능이 이러한 한계를 갖고 있는 반면 이미 사람의 능력을 뛰어넘는 지적 작업을 하는 분야도 있습니다.

'불도저에게 시키는 편이 좋은 일'은 불도저에게 맡긴다.
'사람 밖에 할 수 없는 일'은 사람이 지금보다 더욱 힘쓴다.

그런 현실을 받아들이고 용도를 넓혀갈 것을 생각해야 합니다.

인공지능으로 대체될 직업, 대체되지 않을 직업

그렇다면 '사람 밖에 할 수 없는 일'에는 어떤 일이 있을까요?

'자동화와 기술 발전으로 20년 이내 현재 직업의 47%가 사라질 가능성이 크다'

2013년 영국 옥스포드 대학의 마틴스쿨 칼 베니딕트 프레이 교수와 마이클 A 오스본 교수가 발표한 〈고용의 미래: 우리의 직업은 컴퓨터화에 얼마나 민감한가〉라는 보고서에서 이러한 결과가 나왔습니다.

이 보고서를 참고로 어떤 능력이 인공지능으로 대체되고 어떤 능력이 대체되지 않을지를 생각해보면 다음과 같습니다.

- **대체될 능력**: 대체될 직업 기능이나 경험의 축적에 의존하여 패턴화하기 쉽고 정형적이고 특정 영역을 벗어나지 않는 능력
- **대체되지 않을 능력**: 감성, 협조성, 창조성, 호기심, 문제 발견 능력 등 비정형적이고 기계를 어디에 어떻게 사용할지를 결정할 수 있는 능력

인공지능이나 로봇 등으로 대체될 가능성이 높은 직업

인공지능이나 로봇 등에 의해 대체될 가능성이 낮은 직업

[인공지능으로 대체될 직업과 대체되지 않을 직업]

기계로 할 수 있는 일이 늘면 사람의 역할이 바뀌는 것은 당연합니다. 예를 들어, IBM의 Watson은 전문의가 진단할 수 없었던 난병을 10분 정도에 진단하고 환자의 생명을 구했습니다. 하지만 그런 환자를 마주보고 대화를 하고 실제로 치료를 하는 것은 사람인 의사밖에 할 수 없습니다. 질병의 원인을 찾아내는 것은 Watson을 사용하여 철저히 효율화하고 사람밖에 할 수 없는 Hospitality나 시술은 사람에게 맡겨 결과적으로 많은 사람을 구할 수 있다면 그야말로 좋은 일일 것입니다.

또한 리크루트의 대학 수험생용 온라인 강좌인 '스터디 서플리먼트(구(旧) 입시 서플리먼트)'는 방대한 수험생 데이터 중에서 합격자의 패턴을 해석하고 개개인에게 맞는 공부 방법을 제공하고 있습니다. 일률적인 방법으로는 하기 힘든 수험생의 의욕이나 잠재적 능력을 끌어내는 일도 이 서비스라면 가능하게 해 줄지 모릅니다.

그런 현실을 받아들이고 인공지능을 잘 구사하는 능력을 키우는 것을 생각해야 할 시기가 도래했습니다.

한국의 미래를 지지할 인공지능과 로봇

통계청의 발표에 따르면 한국의 인구는 2030년에 5,216만 명으로 정점을 찍은 후 감소하기 시작해 2046년에는 4,812만 명, 그 후에도 계속 감소하여 2060년에 4,400만 명이 될 것이라고 합니다. 이런 시대에는 적은 노동 인구로도 노동 생산성을 높이고 비용 절감과 편리성을 더욱 높여가지 않으면 경제나 사회의 구조를 유지할 수 없게 되는 것은 명백합니다.

또한 빨래나 청소 등과 같은 일상의 일들을 지원하고 요양보호도 도와주는 생활지원 로봇이나 공공교통기관이 없어도 슈퍼나 병원에 데려가 주는 자율 주행차는 고령자가 많은 과소 지역에서 생활의 질을 개선해 줍니다. 이것은 과소지역뿐만 아니라 나아가서는 도심부에서도 마찬가지일 것입니다.

여기에 소개한 인공지능이나 로봇은 그런 한국의 미래를 떠받쳐 줄 강력한 수단이 될지도 모릅니다.

산업발전의 역사와 인공지능의 위치

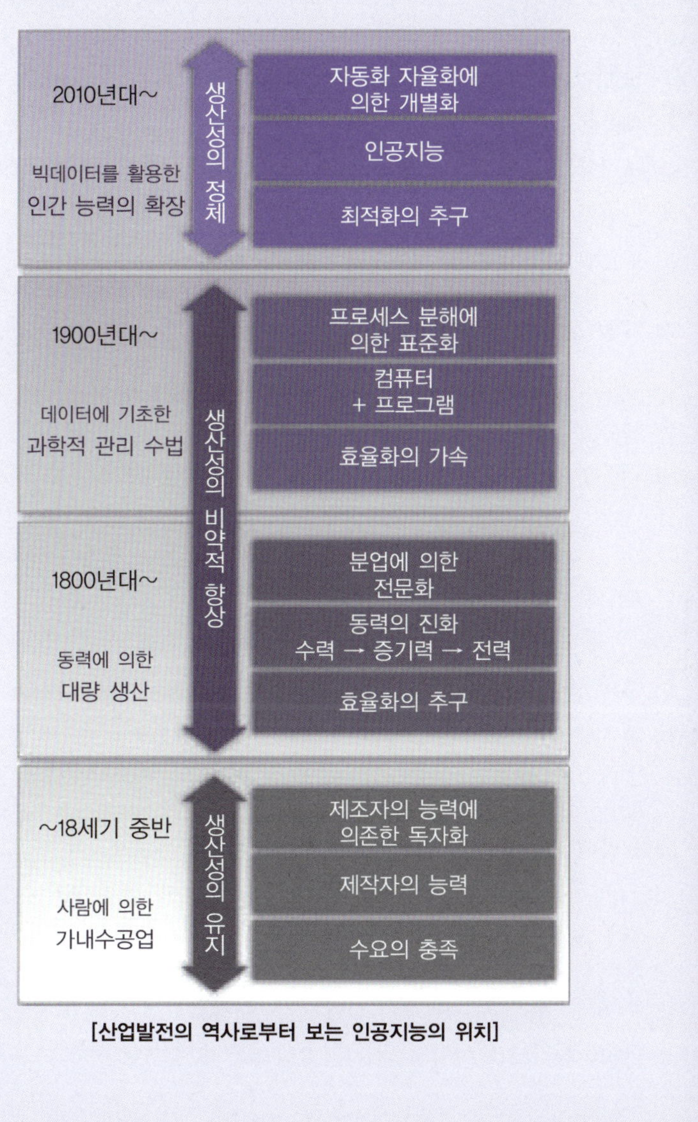

[산업발전의 역사로부터 보는 인공지능의 위치]

■ 가내수공업

18세기 중반에 시작된 산업혁명 이전에는 사람의 손에 의한 '가내수공업' 시대였습니다. 물건을 만드는 것은 장인이 담당하고 한 사람이 처음부터 끝까지 일관되게 만드는 방법이 일반적이었습니다. 우두머리가 통솔하는 공방에서 분업을 하기도 했지만 그런 경우는 기본적인 수요를 충족하는 것이 목적이었습니다. 또한 통신망인 유통 시스템이 지금처럼 발달하지 않았던 시대였기 때문에 수요의 변동은 일정한 범위 내에서 이루어졌고 효율의 향상이 반드시 중요한 것이 아니었습니다.

■ 대량 생산(산업혁명)

1779년 발명가 새뮤엘 크럼프턴이 영국에서 새로운 방적기를 발명했습니다. 뮬 방적기라고도 하는 이 기계는 천연섬유를 꼬아 연속적으로 실을 만드는 기계입니다.

그 후 1830년 리처드 로버츠가 여기에 증기기관을 조합하여 작업을 더욱 자동화하는 데 성공했습니다. 이 발명으로 당시에 수동으로 한 사람의 노동자가 동시에 할 수 있는 작업이 264~288개의 방추로 실을 뽑는 데 그쳤던 것을 성인 한 사람과 2~3명의 어린아이가 보조를 하면 동시에 1,600개의 방추로 실을 뽑을 수 있게 되어 생산성을 비약적으로 향상시켰습니다.

이것이 가능한 것은 수동 뮬 방적기를 운전할 때는 숙련공을 필요로 했던 것에 비해 자동 뮬 방적기는 실잣기와 기계 트러블만 감시하면 되기 때문이었습니다. 이로써 한 사람의 노동자가 1파운드의 실을 잣는 데 500시간 걸렸던 일이 3시간으로 단축되었습니다.

그 후 자동 뮬 방적기가 널리 보급되어 방적 업무에는 특정 일만 하면 되는 단순노동자가 늘어나서 노동의 형태를 크게 바꾸어 버렸습니다.

증기기관과 자동화에 대한 노력은 방적산업 외에도 퍼져나가 노동의 분업과 전문화는 더욱 확대되어 갔습니다. 또한 통신망과 유통 시스템의 발달과 맞물려 대량 생산의 수요가 높아져 '효율화의 추구'가 제품 생산의 목적으로 중요시된 것입니다.

■ 과학적 관리법

20세기 초반 미국의 기술자이며 경제학자인 프레더릭 윈즐로 테일러가 '과학적 관리법'을 제창하여 생산 현장에서 적용하게 되었습니다. 과학적 관리법이란 일을 작업요소, 즉 '프로세스'로 분해하여 작업의 낭비나 개선점을 찾으려고 하는 것입니다. 그리고 효율이 좋은 프로세스를 표준화하여 그것을 매뉴얼로 만들어 작업현장에 철저히 익히게 함으로써 경험이 얕은 사람도 일정한 효율과 품질을 유지할 수 있도록 하였습니다.

그 후 매뉴얼화된 프로세스를 현장에 철저히 익히게 하는 수단으로 컴퓨터를 사용하게 되었습니다. 즉, 표준화된 프로세스를 컴퓨터 프로그램으로 대체함으로써 누구나 틀리지 않고 절차대로 일을 수행할 수 있게 된 것입니다.

이로써 효율의 향상은 더욱 가속화되었습니다. 드러커에 의하면 테일러 이후 육체노동의 생산성은 평균 연 3.5%로 늘고 20세기 후반에는 50배로 향상되었다고 합니다(드러커 저서 〈21세기 지식경영(Management Challenges for the 21st century)〉에서 발췌).

■ 인간 능력의 확장

육체적 노동에 있어서 효율 향상은 거의 한계에 달했습니다. 그러던 중 남게 된 것이 지적 노동자(Knowledge Worker)입니다. 매뉴얼대로는 되지 않는 영업직, 변호사, 의사, 간호사 등은 항상 변화하는 상황을 읽으면서 그때그때 최적의 해결책을 내야 합니다. 성과를 내기 위해서는 경험을 쌓고 폭넓은 지식을 축적하고 계속해서 공부해야 합니다. 그러한 노력을 함으로써 각 현상에 대한 개별적이고 최적의 해결책을 발견할 수 있는 것입니다.

여기에 등장하는 것이 인공지능입니다. 20세기 후반부터 급속히 발전한 IT 이용의 결과, 세상의 모든 사건이 데이터화되었습니다. 인공지능은 그 데이터를 사용하여 학습(기계학습)하고 다양한 사건의 상호관계나 구조, 규칙성을 발견해 줍니다. 이 능력을 사용하여 지적 노동자의 생산성을 높이고 최적화를 한층 더 추진하려고 하는 것입니다.

IoT나 클라우드의 보급으로 세상의 다양한 일들이 지금보다 더 치밀하고 실시간으로 데이터화되고 있습니다. 인공지능은 이러한 빅데이터를 바탕으로 능력을 높이고 역할을 확대시키려고 하는 것입니다.

인공지능과의 교제 방법

인공지능과 어떻게 사귀어 가면 좋을까요?

인공지능을 위협이라고 생각하여 배척할 것이 아니라 그 가능성에 제대로 눈을 돌려야 합니다. 그리고 인공지능을 잘 사용할 방법을 찾아가는 것이 인공지능과의 올바른 교제 방법이라고 할 수 있습니다.

■ 인간과 기계와의 '자연스러운 관계'를 구축

Amazon은 Echo라는 인터넷 연결 기능이 있는 스피커 단말을 미국에서 발매했습니다. 2014년 발매 이후 300만 대나 판매된 베스트셀러 상품이 되었습니다.

Echo에는 Alexa라는 인공지능이 탑재되어 있어 말을 걸면 음성을 인식하고 지시한대로 일을 수행해 줍니다. 예를 들어, Amazon 쇼핑사이트와 연결하여 '이 상품을 위시리스트에 추가해', '(상품명)을 주문해'라고 말을 하면 그것으로 주문이 끝납니다. 게다가 '조명을 꺼', '에어컨 온도를 1도 올려'라고 말을 하면 조명이나 에어컨 제어까지 할 수 있습니다.

사람과 기계와의 '자연스러운 관계'를 구축한다.
컴퓨터나 기계
자연 언어나 동작의 이해
자연 언어나 동작으로 지시 및 조작
방대한 데이터로부터 '가설'을 찾아낸다.
빅데이터
규칙성의 발견
가설 설정
상황이나 변화를 읽고 '자율적으로 행동'한다.
상황이나 변화
203 Kw
OX전력
최적의 해 발견
자율 행동 판단

[인공지능과의 교제 방법]

외부 서비스와의 연계도 주목받고 있습니다. '은행의 잔고를 알려 줘'라고 말하면 자신의 은행계좌를 조사하여 대답해 줍니다. 배차 서비스와 연결해서 '차를 보내줘'라고 말하면 자동차를 수배해 줍니다. 음악 배포 서비스와 연결해서 '(아티스트명) 음악을 틀어줘' 와 같이 지시하면 그 음악을 찾아 틀어줍니다.

더욱이 '키트, 차고에서 나와'라고 Echo에게 말을 걸면 차고 문이 열리고 전기자동차 TESLA가 나오는 장면도 비디오로 소개되고 있습니다. 참고로 '키트'는 1980년대에 미국에서 TV로 방영된 드라마 "전격 Z 작전"에 등장하는 인공지능(?) 탑재 자동차의 이름입니다.

이와 같이 자연 언어로 대화를 조작을 할 수 있게 되면 키보드나 스위치 등과 같은 번잡한 도구는 필요 없어집니다. '그렇게 편하게 사용할 수 있다면 그 서비스를 사용해보자, 그 제품을 사자'라고 생각하게 되고 IT 이용의 분야는 더욱 확대되어 갈 것입니다.

이와 같이 사람과 기계와의 '자연스러운 관계'를 구축하는 것이 인공지능의 역할 중 하나입니다.

■ 방대한 데이터로부터 '가설'을 찾아낸다

소셜 미디어나 IoT로 수집한 방대한 데이터로부터 가치 있는 정보나 통찰을 발견하는 것도 인공지능의 역할입니다.

현실을 정교하고 치밀하게 망라하려면 데이터는 방대해집니다. 그와 동시에 데이터를 해석하고 정리하는 일은 어려워집니다. 그러한 방대한 데이터에 숨어있는 규칙성과 구조를 발견해 주는 것이 인공지능입니다.

일찍이 컴퓨터는 사람이 세운 가설에 기초하여 처리 흐름과 프로그램을 만들었습니다. 예를 들어, '이런 절차로 일을 진행하면 일의 효율이 좋아질 것이다'라고 경영자의 지견이나 경험에 입각하여 가설을 세우고 그것을 전제로 프로그램을 만들고 처리시킴으로써 효율을 올려온 것입니다. 하지만 이 방법이 최적인지 아닌지는 알 수 없습니다.

한편 인공지능은 그 가설을 방대한 데이터로부터 찾아내 줍니다. 지금까지의 방법과는 정반대의 접근 방식입니다. 데이터를 근거로 하는 가설은 때로는 사람의 경험이나 감과 일치하지 않는 경우도 있지만, '인공지능이 방대한 데이터를 해석하여 도출한 최적의 해'를 실제로 시험해 보니 '사람의 경험이나 감으로 도출한 최적의 해'보다 뛰어났다는 사례가 많이 보고되고 있습니다. 알파고의 등장도 이와 마찬가지로 사람의 최고 영지를 격파했다고 한다면 그것은 틀림없이 '최적의 해'인 것입니다.

하지만 사람의 경험과 감을 잘 설명할 수 없듯이 인공지능도 '왜 그렇게 되었는지?'는 가르쳐주지 않습니다. 그래서 프로 기사들은 알파고가 왜 그런 수를 두었는지를 생각하고 지금까지의 상식을 다시 검토하고 있다고 합니다. 관점을 바꾸면 '인공지능의 진화가 사람의 진화를 재촉하고 있다'고도 할 수 있습니다. 인공지능은 그러한 역할도 갖고 있다고 할 수 있습니다.

■ 상황이나 변화를 읽고 '자율적으로 행동'한다

사물 자체나 주위의 상황 또는 그 변화를 학습하고 스스로 판단 및 행동하는 '자율화' 능력을 실현해 주는 것도 인공지능입니다. 예를 들어, 자율 주행차나 스스로 작업 기술을 익히는 산업용 로봇, 자동으로 토목공사를 해주는 건설기계 등은 그런 자율화의 적용 사례입니다.

지금까지는 사람이 해야 했던 판단을 인공지능이 수행하고 그 기능이 내장된 로봇이 자율적으로 행동하는 것이 앞으로 우리에게 친숙해져 갈 것입니다.

인공지능의 적용 영역

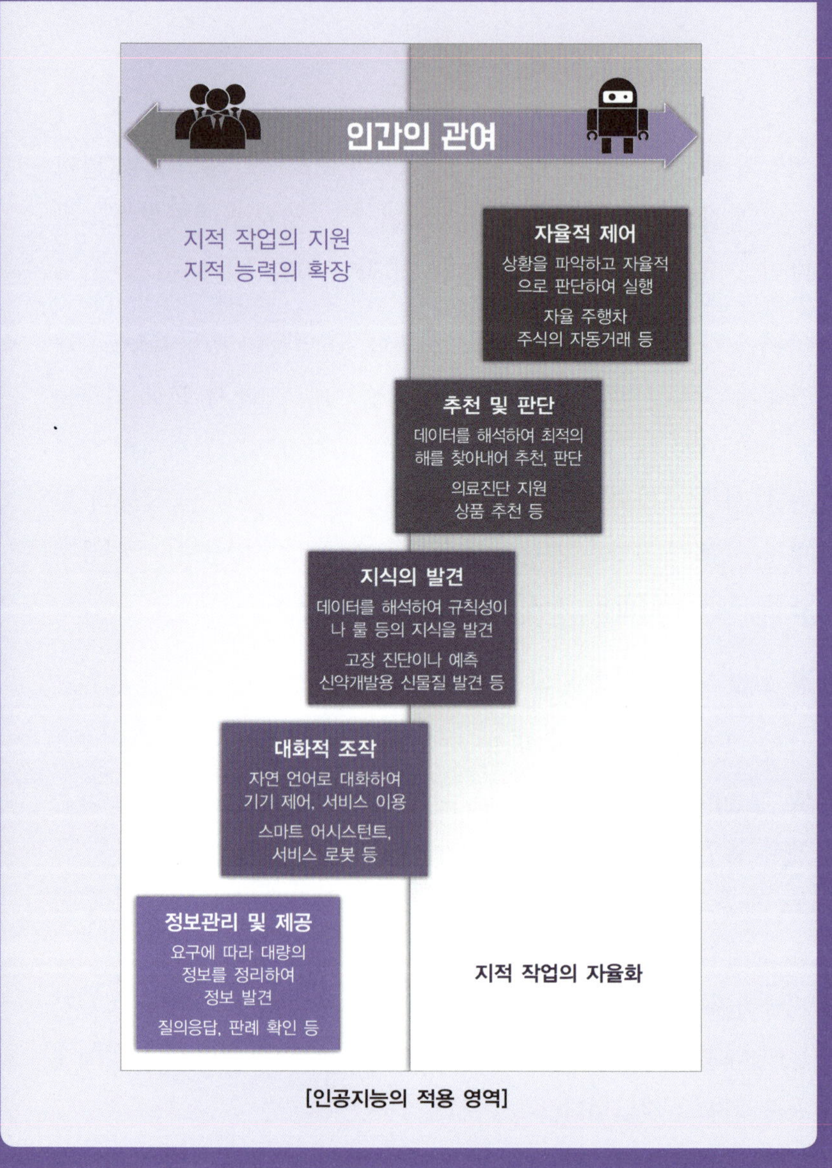

[인공지능의 적용 영역]

인공지능의 자율 영역은 인간의 관여를 전제로 한 '사람의 지적 작업의 지원' 또는 '사람의 지적 능력의 확장'과 인간의 관여를 전제로 하지 않는 '지적 작업의 자율화', 이 두 가지 방향으로 나눌 수 있습니다.

예를 들어, 사람의 관여가 전제되는 적용 영역으로는 요구에 따라 대량의 정보를 정리하고 거기서 필요한 정보를 찾아내는 '정보 정리 및 제공'이 있습니다. 질의응답이나 판례 확인 등에서 이용되기 시작했습니다.

또한 평소 사용하는 말로 기계를 제어하고 조작하거나 서비스를 이용하는 등의 일을 실현하는 '대화형 조작'도 이 영역에 위치합니다. 애플의 시리나 마이크로소프트의 코타나, 아마존의 에코 등과 같은 스마트 어시스턴트, 사람과의 커뮤니케이션을 실현하는 서비스 로봇 등이 있습니다.

사람과 인공지능이 서로 협력하여 성과를 올리는 영역으로는 '지식의 발견'이 있습니다. 데이터를 해석하고 거기에 잠재된 규칙성이나 룰을 발견하려고 하는 것입니다. 고장 진단이나 예측, 신약개발용 신물질의 발견 등에 사용됩니다.

사람의 관여를 전제로 하지 않고 기계의 자율성을 살려가는 영역으로는 데이터를 해석하여 최적의 답을 기계 자신이 발견하게 하는 '추천 및 판단'이 있습니다. 예를 들어, IBM의 Watson이 수행하는 암 진단 지원과 같이 방대한 논문을 읽어 들이고 환자의 진단소견이나 검사 데이터를 분석함으로써 암을 진단하고 치료법을 제안해 주는 서비스가 있습니다. 또한 자신의 취향이나 라이프 스타일을 가르쳐줌으로써 자신에게 맞는 상품을 소개해 주는 서비스 등에 응용할 수 있습니다.

더욱이 스스로 상황을 파악하고 학습하여 자율적으로 판단하여 실행하는 '자율 제어'가 있습니다. 적용 분야로는 자율 주행차나 주식의 자동 거래, 공장의 자동 조업이나 건설 현장에서의 자동 공사 등에 확대되어 가고 있습니다.

디지털 데이터로 세상을 파악하여 아날로그 세계를 움직이는 IoT

IoT(Internet of Things)란 사물에 센서와 컴퓨터, 통신장치를 심어 넣어 사물 자체나 그 사물의 주변에서 일어나는 사건이나 변화를 인터넷으로 보내기 위한 장치입니다.

센서가 이식된 사물의 수는 이미 전세계 인구인 70억을 넘었고 급속한 기세로 계속 증가하고 있습니다. 그리고 우리가 사는 현실 세계의 일들을 읽고 디지털 데이터로 변환하여 인터넷으로 보내고 있습니다. 관점을 바꾸자면 현실 세계의 디지털 복사본이 인터넷 상에 만들어지고 있다는 것입니다. 이러한 IoT가 지금까지의 상식을 크게 바꾸려 하고 있습니다.

사물이 서로 연결되는 세상

2009년에 인터넷과 연결되던 사물은 25억 개였는데 2015년에는 180억 개로 늘었고, 2020년에는 500억 개에 달할 것이라고 예측되고 있습니다. 스마트폰이나 웨어러블 단말기, 자동차나 공공교통기관, 가전제품이나 주택 설비, 오피스 기기나 공장 설비 등 모든 사물에 컴퓨터가 내장되어 인터넷과 연결되어 가고 있습니다. 이러한 장치를 IoT(Internet of Things: 사물인터넷)라고 합니다.

인터넷과 연결되는 사물에는 센서가 내장되어 있습니다. 센서는 사람의 의도와 상관없이 우리의 일상생활이나 사회 활동에서 일어나는 다양한 사건들 또는 사물의 주위 환경이나 변화를 데이터로 해서 인터넷을 통해 보냅니다. 즉, IoT는 사물 자체의 데이터뿐만 아니라 사물을 소유한 사람의 행동이나 사물의 주변 일들까지 모두 데이터로 하여 인터넷으로 내보내는 장치인 것입니다. 그래서 IoT가 아니라 IoE(Internet of Everything: '만물' 인터넷)라는 표현이 사용되는 경우도 있습니다.

IoT라는 말이 등장하기 전부터 기계에 센서나 컴퓨터를 내장시켜 통신회선과 연결하는 장치는 있었습니다. 하지만 센서나 컴퓨터의 단가가 비싸고 크기도 컸으며 인터넷도 없었고 통신회선 비용도 고액이었기 때문에 그 용도가 한정적이었습니다. 예를 들어, 공공교통기관이나 공장의 생산설비 등 규모가 크고 비싼 기계에서 고도의 안전과 효율이 요구되는 현장 등으로 한정된 것입니다.

하지만 휴대전화와 스마트폰의 보급과 함께 고속이지만 저렴한 통신회선을 사용할 수 있게 되고 테크놀로지의 발전으로 소형화와 고성능화가 진행되면서 저가의 센서와 컴퓨터가 등장했습니다.

이로 인해 우리 주변의 사물에도 센서와 컴퓨터가 내장되어 인터넷과 연결되게 되었습니다. 그 결과 센서를 내장시킬 수 있는 사물의 수와 종류, 그리고 거기서 만들어지는 데이터의 양이 폭발적으로 늘어난 것입니다.

현실 세계를 데이터화하고 그를 사용하여 현실 세계를 보다 좋게 만든다

방대한 수의 사물로부터 보내지는 데이터는 양이 방대하므로 빅데이터(big data)라고 합니다. 하지만 데이터를 그저 쌓아두기만 하는 것만으로는 아무 쓸모가 없습니다.

- 사건들 간의 인과관계
- 사건들에 보이는 특징과 패턴
- 사건에 파묻혀 보이지 않는 법칙과 구조

위와 같이 방대한 데이터에 어떤 사실이 감춰져 있는지를 발견해야 합니다. 이를 위해 인공지능(기계학습)을 사용하는 것입니다.

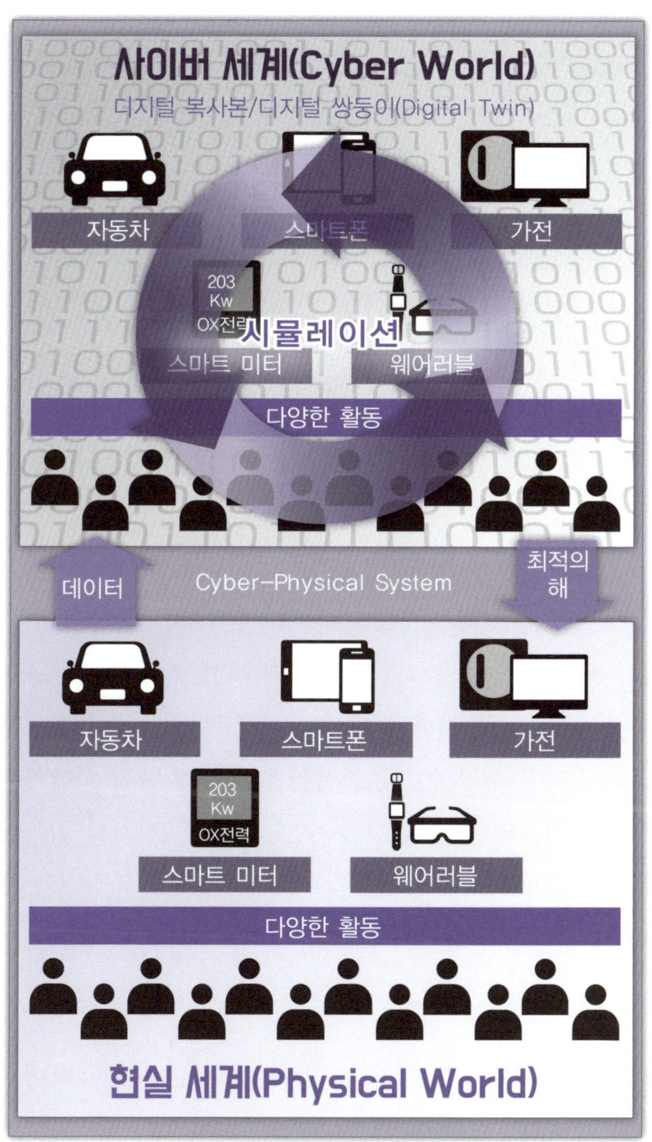

[디지털 복사본/디지털 쌍둥이]

센서로 모은 데이터는 현실 세계의 일들을 그대로 베낀 디지털 복사본으로 '디지털 트윈(쌍둥이)'이라고도 합니다. 그 데이터를 사용하여 '현실 세계'에서는 할 수 없는 실험(시뮬레이션)을 하고 우리의 사회활동이나 생활을 보다 쾌적하고 안전하게 만들기 위한 방법을 찾아내는 일에도 사용됩니다.

그 예로는 다음과 같은 것들이 있습니다.

■ 도로의 정체 완화

재해가 발생하여 정체되고 혼란스러운 도로의 디지털 복사본을 사용하여 신호기를 전환할 타이밍을 바꿔 보거나 고속도로에 대한 진입 규제를 해 보는 등 조건을 다양하게 바꿔 실험하여 정체를 해소할 최적의 방법을 찾을 수 있습니다. 거기서 얻은 정보를 현실 세계에 피드백하여 신호의 제어나 고속도로 직원에 대한 지시에 활용함으로써 정체와 혼란이 해소됩니다.

■ 재해에 강한 도시 설계

도시의 구조나 활동을 재현한 디지털 복사본을 사용하여 대규모 재해가 일어난 경우 도로의 교량을 붕괴시켜보거나 화재로 통행금지를 만들어서 어떻게 유도하면 보다 많은 인명을 구할 수 있는

지 다양하게 바꿔 실험할 수 있습니다. 현실 세계에서는 실험 결과를 사용하여 재해 시의 피난 유도 계획이나 도시 계획에 반영할 수 있습니다.

■ 건강에 대한 조언

스마트폰이나 웨어러블 단말기로 신체 정보를 세세하게 파악하여 이용자의 건강상의 문제를 발견하고 건강을 위한 다양한 조언을 할 수 있습니다.

■ 일의 생산성과 유연성 향상

공장의 제조 장치나 공장현장의 건설기계에 내장된 센서로부터 작업의 진척상황을 실시간으로 받아 그 데이터를 사용하여 가장 효율적인 작업 순서를 시뮬레이션으로 찾아냅니다. 더욱이 현장의 제조 장치나 건설기계를 자동으로 조작하면 납기나 작업 시간을 큰 폭으로 단축시켜 비용 절감으로도 이어집니다.

IoT로 인해 사람은 처리할 수 없을 정도로 방대한 데이터를 모을 수 있습니다. 그것을 분석하여 다양한 통찰을 도출하고 시뮬레이션을 반복하여 최적의 해를 찾아주는 것도 앞에서 소개한 인공지능입니다.

IoT는 사물에 심어진 센서로 '현실 세계의 사건을 데이터화하여 인터넷으로 보내는 장치'입니다. 또한 그 데이터를 사용하여 시뮬레이션을 하고 최적의 해결책이나 유익한 정보를 만들어 '현실 세계를 보다 좋게 움직이는 장치'라고 생각할 수도 있습니다. IoT에는 이 두 가지의 의미가 있습니다.

IoT가 만들어내는 세 가지 가치

IoT는 세 가지 가치를 만들어 냅니다.

① 사물끼리 연결되어 전체가 협조 및 연계한다

앞에서 달리는 자동차가 속도를 늦추면 뒤에 오는 자동차도 그에 맞춰 속도를 늦춥니다. 자동차와 신호기가 연결되어 통행량에 따라 신호기의 점등을 제어하므로 신호 대기가 없어지고 주행이 원활해집니다. 그 결과 정체가 해소되고 쓸데없이 기름을 소비하는 일도 없어져서 환경도 좋아집니다.

이와 같이 사물끼리 연결되면 사물이 서로 협조 및 연계하면서 전체가 최적의 상황을 실현해 주는 것입니다.

Cyber Physical System
넓은 의미의 IoT
디지털 데이터로 사이버 세계를 파악하여
아날로그인 현실 세계를 움직이는 장치
현실 세계
Physical World
사이버 세계
Cyber World
좁은 의미의 IoT
현실 세계의 사건을
디지털 데이터로 변환하여
인터넷으로 보내는 장치
데이터 해석
원인 해명 및 발견
통찰
계획의 최적화
센서
사물의 상태나 변화
데이터 활용
업무 처리 및 정보 제공
기기 제어
현실 세계를
디지털 데이터로 변환

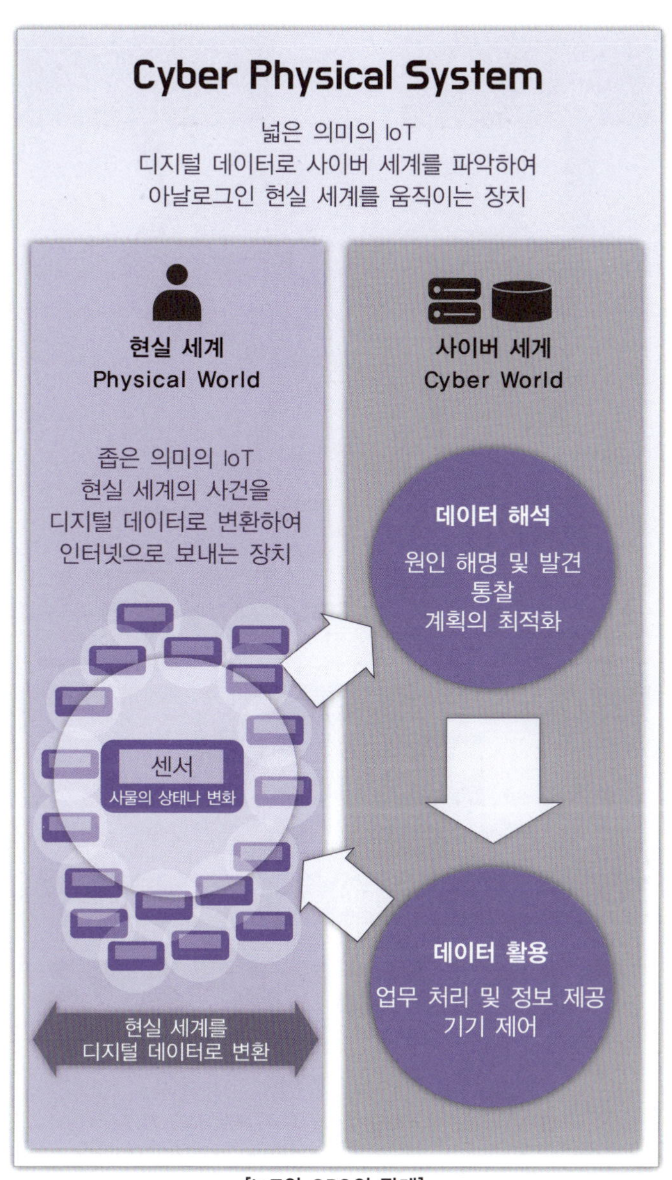

[IoT와 CPS의 관계]

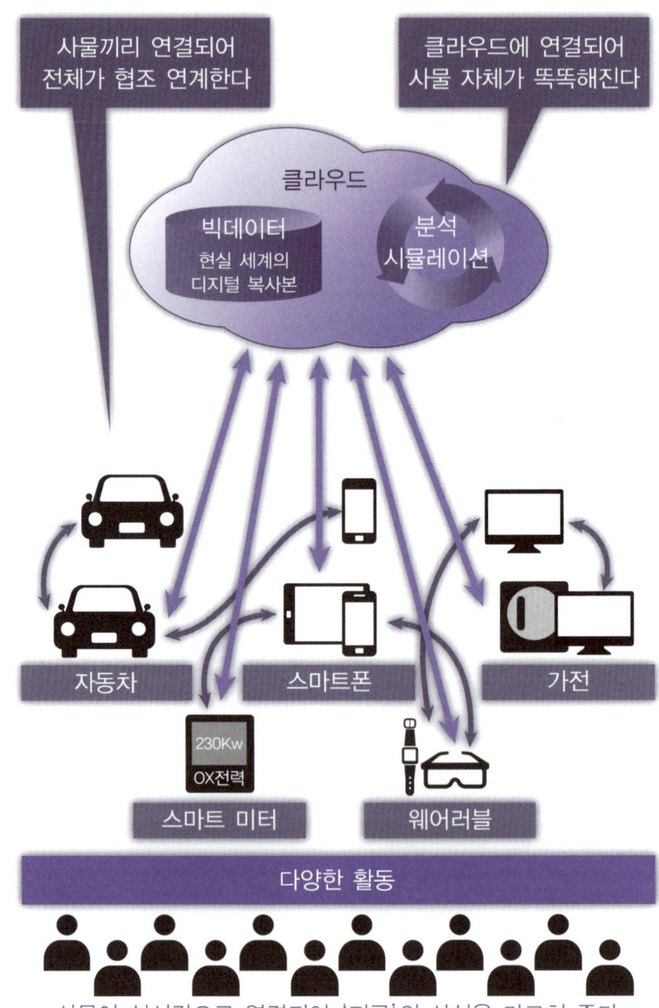

사물끼리 연결되어 전체가 협조 연계한다
클라우드에 연결되어 사물 자체가 똑똑해진다
클라우드
빅데이터
현실 세계의 디지털 복사본
분석 시뮬레이션
자동차
스마트폰
가전
230Kw
OX전력
스마트 미터
웨어러블
다양한 활동
사물이 실시간으로 연결되어 '지금'의 사실을 가르쳐 준다
디지털로 현실 세계를 파악하여
아날로그인 현실 세계를 움직이는 장치
[IoT란 무엇인가]

② 클라우드에 연결되어 사물 자체가 똑똑해진다

- 클라우드 서비스로부터 화제가 되고 있는 요리 레시피를 입수
  하여 최적의 조리시간과 조리법을 설정해 주는 전자렌지
- 재고가 떨어져가는 상비 식재료를 감지하여 자동으로 주문해
  주는 냉장고
- 오늘 먹고 싶은 요리를 말하면 레스토랑을 소개해 주고 예약까
  지 해주며 막히지 않는 루트로 쾌적하게 달려 주는 자동차

하나하나의 사물에 모두 큰 데이터나 두뇌를 가지게 하는 일은 불
가능하지만, 사물이 연결된 인터넷 저편에는 무한정의 데이터 저
장소와 계산 능력을 가진 두뇌인 클라우드가 있습니다.

사물은 이 클라우드에 데이터를 보내 다양한 데이터 처리를 함으
로써 사물 단위로는 가질 수 없는 강력한 두뇌를 갖게 되는 것입
니다.

③ 사물이 실시간으로 연결되어 '지금'의 사실을 가르쳐 준다

- 항공기 제트엔진의 가동 상황을 실시간으로 알기 때문에 고장이나 오류를 즉시 파악할 수 있고, 조종사에게 적절한 지시를 내릴 수 있다. 착륙지 공항에서 교환할 부품이나 엔지니어를 사전에 대기시켜 두고 착륙 후에 바로 점검 및 수리를 해서 다음 비행을 결항시키지 않는 대처가 가능하다.
- 현재 도로의 혼잡 상황이나 앞으로의 정체 예측에 따라 자신이 타고 있는 자동차를 최적의 루트로 유도해 준다.
- 재해가 발생했을 때 스마트폰이나 웨어러블을 갖고 있는 사람의 움직임을 실시간으로 파악하여 안전한 피난 경로로 유도한다.

이와 같이 사물이 실시간으로 연결됨으로써 지금과는 크게 다른 비즈니스나 사회활동이 실현될 것입니다.

IoT가 불러일으키는 '사물의 서비스화'

IoT는 사물의 가치를 하드웨어에서 서비스로 전환시키고 있습니다.

옛날에는 사물의 성능이나 기능, 품질이나 조작성은 하드웨어의 '연구'나 '재료'에 따라 물리적으로 실현되었습니다. 하지만 오늘날 많은 사물에는 컴퓨터가 들어 있어서 소프트웨어에 의해 그런 것들을 실현하고 있습니다. 물론 하드웨어의 가치가 없어지는 것은 아니지만 하드웨어만으로는 기능이나 성능을 충분히 발휘할 수 없는 시대를 맞이하고 있습니다.

예를 들어, 예전에는 카메라의 노출이나 초점, 조리개, 셔터 속도, 감도, 발색 등은 하드웨어인 톱니바퀴와 같은 기계 부품의 고안이나 필름에 도포하는 감광제의 성능에 의해 실현되었습니다. 하지만 요즘의 디지털카메라는 내장된 소프트웨어에 의해 실현됩니다.

[사물의 서비스화]

지금도 하드웨어는 사물의 가치를 결정하는 요소라는 점은 변함없지만 이는 전체의 일부에 지나지 않습니다. 지금은 소프트웨어의 기능이나 성능이 사물의 가치를 실현하는 데 있어서 큰 역할을 차지하게 되었습니다. 이 '하드웨어+소프트웨어'로 구성된 사물이 인터넷과 연결되면 사물 가치 본질은 서비스로 전환될 것입니다.

예를 들어, 디지털카메라를 인터넷과 연결해서 소프트웨어를 업데이트하면 연사 기능을 향상시키거나 아트필터의 종류를 늘리는 등 처음 샀을 때보다 고성능의 카메라로 바꿀 수 있습니다.

미국의 전기자동차 테슬라의 모델 S/D 시리즈에는 발매 당시 하드웨어에 자율 운전 기능이 들어 있었습니다. 그리고 소프트웨어를 업데이트하면 자율 운전을 할 수 있게 되었습니다.

Apple의 iPod이라는 음악 플레이어(하드웨어)는 음악 다운로드 서비스인 iTunes Music Store나 정액으로 모든 음악을 들을 수 있는 Apple Music이라는 클라우드 서비스와 하나되어 제공되기 때문에 인기를 얻고 있습니다.

이제 사물의 기능이나 성능은 그것을 만들어 출하하는 것으로 완결되는 것이 아닙니다. 사물이 인터넷과 연결됨으로써 사물은 구입한 후에도 계속적으로 기능을 향상시켜 진화를 계속합니다. 만든 사물과 그 다음의 서비스가 하나되어 사물의 새로운 가치를 계속 만들어 내는 것입니다.

또한 IoT는 가동 상황을 실시간으로 확실하게 계측할 수 있는 장치이기도 합니다. 이로써 사물을 팔지 않고 택시 요금과 같이 사용량에 따라 요금을 부과하는 '서비스로서의 사물을 제공'하는 비즈니스가 등장하게 되었습니다.

예를 들어, 앞서 소개한 항공기용 제트엔진을 판매하는 영국의 롤스로이스는 엔진이라는 사물을 판매하는 것이 아니라 실제로 사용한 시간과 출력의 곱에 따라 엔진의 이용자인 항공사에게 이용량을 청구하는 Power by the Hour라는 서비스를 제공하고 있습니다.

엔진에 들어있는 센서가 엔진의 사용 상황이나 각 부품의 소모 정도, 불량 등을 감지하여 인터넷을 통해 그 데이터를 보냅니다. 그리고 그 데이터를 해석하여 수리나 점검의 필요성이나 타이밍을 개별적으로 판단하고 고장으로 움직일 수 없게 되기 전에 처리할 수 있게 됩니다.

이로써 보다 안전한 운행이 실현되며 기재의 가동률이 올라감으로써 사용자의 만족도도 높아집니다. 더욱이 유지 보수 및 점검 타이밍이나 필요한 부품의 재고, 엔지니어의 가동이 최적화된다는 점에서 서비스 비용도 절감할 수 있습니다.

그 외에도 다음과 같은 일들이 실현되고 있습니다.

- 자동차 운전자가 안전 운전을 하고 있는지, 난폭 운전을 하고 있는지를 센서로 파악하여 보험료를 차등 부과하는 자동차 손해 보험
- 엘리베이터나 에스컬레이터에 내장된 센서로부터 모은 데이터로 고장의 징조를 발견하여 고장이 나기 전에 수리 점검을 하는 유지 보수 서비스
- 농업용 하우스에 내장된 센서로 토양의 성분이나 하우스 안의 온도 및 습도, 이산화탄소의 농도를 파악하여 생육 상황에 맞춰 자동으로 조절해 주는 식물 공장

이와 같이 사물 자체가 아니라 '사물을 포함하는 서비스 전체'가 새로운 가치를 낳는 시대를 맞이하고 있습니다.

'연속형', '미래 대처형', '에코 시스템형'으로 바뀌는 비즈니스 가치

지금까지 설명한 것을 '비즈니스 가치'라는 관점에서 다시 정리해 보겠습니다.

■ 연속형 비즈니스

IoT가 보급되기 이전에는 제조업자는 만든 제품을 고객에게 판매하면 그 제품을 산 고객과 접할 기회가 거의 없었습니다. 기껏해야 TV와 같은 대중매체를 이용한 광고와 같이 일방적인 것뿐으로, 쌍방향이라고 하면 고장이나 사용법에 대한 상담과 같이 곤란할 때만 고객으로부터 전화를 받는 콜센터 정도였습니다.

하지만 IoT로 인해 다음과 같은 것들이 상식이 될 것입니다.

- 제품의 판매 후에도 제조업자가 인터넷을 통해 고객과 직접 접할 수 있게 된다.
- '고객이 제품을 어떻게 사용하고 있는지'와 같은 사실을 실시간으로 파악할 수 있게 된다.
- 인터넷을 통해 소프트웨어를 업데이트함으로써 기능이나 성능을 계속적으로 향상, 개선시키게 된다.

[IoT로 바뀌는 비즈니스 가치]

고객은 물건을 산 시점에서의 사물의 기능이나 성능뿐만 아니라 사후 서비스의 좋고 나쁨도 포함하여 사물의 가치를 평가하게 될 것입니다. 이와 같이 IoT는 고객과의 관계를 연속적이고 계속적인 것으로 만들어 사물의 가치 기준을 바꾸고 있습니다.

■ 미래 대처형 비즈니스

IoT로 방대한 데이터를 모으게 되면 그것을 해석함으로써 앞으로 일어날 다양한 일들을 예측할 수 있습니다. 예를 들어, 자동차, 건물의 공조 시스템, 항공기의 제트엔진 등과 같은 기계에 내장된 센서가 계속 보내오는 데이터를 분석함으로써 예전에 고장이 났을 때와 똑같은 규칙성이 발견되면 '고장의 가능성이 높다'고 판단할 수 있습니다. 그리고 그것이 언제쯤 일어날지를 예측하고 고장이 나기 전에 점검 및 수리를 하면 고장이나 트러블을 회피할 수 있게 됩니다.

옛날과는 달리 데이터의 양이 방대하고 그 종류도 다양하다는 점이 IoT로 모아지는 데이터의 특징입니다. 그래서 미미한 변화도 간과하지 않습니다. 반면 방대한 데이터 중에서 고장의 발생과 데이터의 변화를 찾아내는 일은 쉽지 않습니다. 여기에 활약하는 것이 인공지능의 기술인 '기계학습'입니다.

기계학습은 고장과 데이터 변화와의 관계를 나타내는 규칙성을 방대한 데이터와 그 다양한 조합으로 발견해 줍니다. 그리고 앞으로 일어날 고장을 예측할 수 있습니다.

이와 같이 IoT는 '미래를 예측한다'는 가치를 비즈니스에 부여합니다.

■ 에코 시스템형 비즈니스

IoT는 사물이나 사람의 상태나 변화를 디지털 데이터로 변환하여 인터넷을 통해 클라우드에 보냅니다. 클라우드에 축적된 데이터는 인공지능이 해석하고 그 결과를 활용한 서비스는 다시 클라우드에서 움직이는 다른 서비스에 제공하여 새로운 연계 서비스를 만들어 냅니다. 이와 같이 데이터와 서비스의 상호 연쇄 및 연계에 의해 새로운 비즈니스가 태어나는 장치를 '에코 시스템'이라고 합니다. 생물학에서 말하는 '생태계'를 나타내는 말입니다.

'사물에 센서를 심어 데이터를 수집하고 감시'하는 장치는 IoT라는 말이 등장하기 훨씬 전부터 있었습니다. 1964년 관통한 일본의 신칸센, 1974년에 운용이 시작된 지역기상관측 시스템인 amedas, 1970년대에 시작된 생산설비의 자동화 등에서도 비슷한 장치가 사용되었습니다. 하지만 그것들은 모두 특정 업무 목적으로 특화된 장치로 다른 서비스에서 재이용하는 등의 일은 가정하지 않았습니다.

IoT가 그것들과 본질적으로 다른 점은 센서를 탑재한 기계나 사물의 수는 비교가 되지 않을 만큼 많다는 것과, 나중에 설명할 인터넷이나 클라우드라는 오픈된 장치 상에서 사용되어 자사 이외의 기업과도 연결되어 새로운 조합을 만들어 낼 수 있다는 점입니다.

예를 들어, 여러분이 갖고 있는 스마트폰의 GPS를 사용하면 자신의 위치를 알 수 있습니다. 이 GPS 데이터를 대량으로 모아 이동 시간이나 루트를 해석함으로써 지도상에 '도로의 정체 상황'을 표시할 수 있습니다.

자동차에 탑재된 센서에 의해 운전자의 운전 방법을 분석하고 운전자별로 연비 절감 운전이나 안전 운전을 조언할 수도 있습니다. 또한 그 데이터를 보험회사와 공유함으로써 안전 운전을 하는 운전자의 보험료를 할인하는 자동차 보험도 등장했습니다.

손해보험회사는 기상정보회사가 모은 기상 데이터를 사용해서 앞으로 일어날 주택이나 설비의 손해청구를 예측하고 악천후나 재해가 일어날 리스크나 영향을 지역별로 정량화할 수 있습니다. 그 리스크 정보를 바탕으로 계약자별로 보험 내용을 짜거나 재무상의 리스크를 줄이기 위한 노력을 할 수 있게 됩니다.

더욱이 기상 악화가 예상되는 지역을 달리고 있는 드라이버에게 스마트폰으로 주의를 하거나 주변의 카페에서 쉬어가도록 한 후 이를 위한 할인 쿠폰을 발행할 수도 있게 됩니다. 이로써 사고를 미연에 방지하고 보험료 지급을 줄일 수 있습니다.

데이터로 다양한 서비스가 연결됨으로써 IoT는 비즈니스에 '새로운 조합'을 만들어내는 에코 시스템을 구축합니다. 이것이 지금까지는 없었던 편리하고 효율적인 서비스와 사회 시스템을 등장시키는 기반이 되는 것입니다.

모든 사건을 데이터로 파악하여 새로운 사회와 비즈니스를 창출한다

미쉐린이나 코마츠, 롤스로이스 등 사물의 사용량에 따라 요금을 부과하는 서비스는 지금까지는 없었던 비즈니스 가치를 만들어 냈지만 이것이 실현 가능했던 이유는 사용한 '모든 사실'을 데이터로 확실하게 파악하는 IoT 장치가 있기 때문입니다.

옛날에는 사실을 파악하려면 고객이 신고하거나 서비스맨이 점검 및 정비 시에 하는 보고에 의존했는데 그것으로는 모든 사실을 정확하게 파악할 수 없었습니다. IoT가 이러한 상식을 바꾼 것입니다.

또한 자동으로 잉크 카트리지를 주문하는 프린터나 세제의 부족을 예측하고 주문을 재촉해 주는 세탁기, 소모품의 부족을 알려주는 의료용 검사기기 등 IoT에 의해 새로운 부가가치가 일어남으로써 지금까지 사용하던 제품이라도 그 매력을 크게 향상시킬 수 있습니다.

농업 IT에서는 경작지의 상태를 실시간으로 파악하여 시시각각 바뀌는 변화에 대응해야 합니다. 로봇 자동차의 경우 주위의 상황이나 주행 상태를 광범위하고 세세하게 파악하여 변화에 즉시 대처해야 합니다. IoT는 이를 위해 없어서는 안 될 테크놀로지인 것입니다.

IoT는 사람의 경험이나 감에 의존하여 사실을 파악하는 것이 아니라 데이터로 정확하게 파악하는 장치입니다. 파악한 데이터는 그대로 인터넷을 통해 클라우드에서 제공되는 다양한 서비스와 연결되어 '새로운 조합' 즉, '이노베이션'을 낳습니다.

인터넷에 연결되는 사물은 방대한 수로 급증하고 있으므로 이노베이션은 더욱 증가할 것입니다. 다시 말해 IoT는 이노베이션을 낳는 사회의 인프라가 된다는 말입니다.

최신 테크놀로지를 떠받치는 토대

전자메일이나 소셜 미디어, 온라인 쇼핑이나 여행 예약 등 우리의 일상을 지지하는 토대로 인터넷과 클라우드는 이미 없어서는 안 될 존재가 되었습니다. 인공지능이나 IoT의 보급을 떠받치는 것도 인터넷과 클라우드입니다.

연결의 상식을 바꿔버린 인터넷

일찍이 기업은 고액의 비용을 들여 개별적으로 통신회선 설비를 갖추고 자신들의 지점이나 공장을 연결했습니다. 필요한 경우 기업끼리 개별적으로 통신회선을 연결하여 데이터를 주고받는 것이 일반적이었습니다. 여기에도 막대한 설비 비용이 들었습니다.

이러한 상식을 바꾼 것이 1990년대 전반부터 사용된 인터넷입니다. 인터넷은 전세계의 통신사업자가 갖고 있는 네트워크를 서로 연결한 네트워크를 말합니다. '여러 개의 네트워크를 상호 연결한 네트워크'라는 뜻인 '인터 네트워크(inter network)'가 그 어원입니다. 인터넷은 특정 통신사업자가 개별적으로 점유하여 사용하던 네트워크를 서로 연결하는 형태로 이용함으로써 네트워크의 설비 부담을 분산시켜 싼 요금으로 지역이나 기업을 넘어 통신할 수 있는 세계를 만들었습니다. 그 결과 이용자가 증가하고 기술의 진보와 맞물려 대용량 데이터를 싼 요금으로 주고받을 수 있게 되었습니다. 또한 저가 컴퓨터의 보급으로 이용자는 기업뿐만 아니라 개인으로도 확대되어 갔으며, 스마트폰이나 태블릿과 같은 모바일 단말기의 등장으로 언제 어디서든지 연결할 수 있게 되었습니다.

■ 오픈된 연결을 지지한다

인터넷의 보급으로 사람과 사람이 직접 이어지게 되면서 중개자 없이 정보를 교환할 수 있게 되었습니다. 중개자가 없어짐으로써 정보전달의 비용이 거의 0에 수렴하여 양쪽의 시간차도 없어졌습니다. 또한 중개자가 정보의 흐름을 의도적으로 컨트롤함으로써 만들어내던 이권이나 지배도 없어져 누구나 오픈되어 직접 연결되는 세계가 실현된 것입니다.

예를 들어, 2010년부터 2012년에 걸쳐 아랍 세계에서 일어난 민주화 운동인 '아랍의 봄'은 젊은 사람들이 소셜 미디어로 데모를 호소한 것이 계기가 되었다고 합니다. 정보 통제를 하던 때의 권력자는 이를 단속하려고 했지만 누구나 오픈되어 직접 연결되는 인터넷을 통하고 있었기 때문에 정보는 점점 확산되어 전례없는 대규모 데모로 발전하여 정권 전복까지 이르렀던 것입니다.

■ '연결의 상식'을 바꾸고 새로운 조합을 만들어낸다

오픈되고 언제 어디서든지 인터넷을 사용할 수 있게 된 덕분에 지금까지는 연결되리라고 생각하지 못했던 개인이나 중소기업의 '미크로한 수요와 공급'이 직접 연결되었습니다.

다음과 같은 쉐어링 이코노미를 대표하는 서비스는 인터넷이 없었으면 실현되지 못했을 비즈니스입니다.

- '자동차의 소유자'와 '자동차를 타고 싶은 사람'이 연결됨으로써 등장한 운송 서비스 Uber나 Lyft
- '집에 누군가를 묵게 하고 싶은 사람'과 '호텔이 아니라도 저렴하게 묵고 싶은 사람'이 연결됨으로써 등장한 숙박 중개 서비스 Airbnb
- '인쇄 회사가 소유하는 인쇄기의 빈 시간'과 '저렴하게 인쇄하고 싶은 사람'이 연결됨으로써 등장한 일본의 Raksul

또한 다음에 나열되는 서비스도 사용하는 현장과 서비스를 제공하는 기업이 직접 연결됨으로써 실현된 것입니다.

- 프린터의 잉크가 떨어질 것 같으면 사용자를 대신해서 온라인 쇼핑몰에 주문해 주는 서비스

- 세탁기의 세제가 떨어질 것을 예측하여 스마트폰 앱에 그것을 알리고 거기서 온라인 쇼핑몰에 주문하는 서비스
- 혈당치 측정 단말의 소모품이 떨어지면 그것을 보충하기 위해 주문해 주는 서비스

FinTech로 호조를 보이는 다양한 서비스도 은행이나 증권과 같은 규제 업종인 대기업의 정보 시스템과 개인이나 일반기업의 다양한 '연결의 조합'이 지지하고 있습니다. 원격 근무나 원격 오피스도 언제 어디서나 연결됨으로써 실현되는 것입니다. 개인이 인터넷 상의 웹 사이트에 업로드한 설계 파일 중에서 자신이 원하는 것을 선택하여 세계 어디에 있든지 그 데이터를 사용하여 제조할 수 있는 '네트워크형 제조업'도 3D 프린터와 인터넷 없이는 실현되지 않는 것입니다.

인터넷은 '연결의 상식'을 바꾸고 사람과 서비스의 새로운 조합을 만들어 지금까지의 상식으로는 생각할 수 없었던 비즈니스를 만들어 내기 위한 사회 인프라로 없어서는 안 될 존재가 되었습니다.

실패 부담을 내리고 이노베이션을 가속화시키는 클라우드 컴퓨팅

'컴퓨터는 사용하고 싶지만 돈이 들고 조작이 어려워서 전문가가 없으면 사용할 수 없다' 그런 허들을 내려주는 것이 클라우드 컴퓨팅입니다.

클라우드(Cloud)란 '구름'을 뜻하는 말입니다. 예전부터 인터넷을 구름 그림을 사용하여 표현했던 것에서 '구름(인터넷) 저편에 있는 컴퓨터를 사용하여 데이터를 저장하고 계산 처리하는 장치'라는 뜻으로 클라우드 컴퓨팅이라는 말을 사용하게 되었습니다. 주로 '클라우드'라고 줄여서 사용합니다.

■ 수도꼭지 틀듯 컴퓨터의 기능과 성능을 이용할 수 있다

클라우드는 '컴퓨터의 기능과 성능을 공동 이용하기 위한 장치'라고 할 수 있습니다. 공동 이용을 전제로 컴퓨터를 대량으로 구입하기 때문에 구입 단가가 낮아집니다. 또한 지금까지와 마찬가지로 기업이 개별적으로 컴퓨터를 운용 및 관리하는 것이 아니라 대규모의 공동 이용 컴퓨터를 고도로 자동화된 시스템이 감시 및 관리한다는 점에서 운용 관리에 드는 비용도 줄어듭니다.

이와 같이 '규모의 경제'를 잘 활용하면 설비 투자 비용을 낮출 수 있으며 운용 관리의 효율화도 철저히 추진할 수 있어서 이용자는 싼 요금으로 컴퓨터의 기능과 성능을 사용할 수 있게 됩니다.

지금까지 컴퓨터의 기능과 성능을 이용하기 위해서는 하드웨어와 소프트웨어를 자신의 자산으로 구입하고 운용 관리해야 했습니다. 하지만 클라우드의 등장으로 하드웨어나 소프트웨어의 가치를 서비스로 사용할 수 있게 되었습니다. 다시 말해 이용자는 설비 구입이나 구축을 위한 초기 투자 필요 없이 수도요금이나 전기요금과 같이 사용한 만큼 이용요금을 지불하면 컴퓨터의 기능이나 성능을 바로 이용할 수 있게 되는 것입니다.

비유하자면 마실 물을 손에 넣기 위해 '각 가정의 마당에 우물을 파고 펌프를 설치해야 했던 시대'에서 '수도를 놓으면 수도꼭지를 틀어서 물을 마실 수 있는 것'과 같은 이치입니다.

물론 요금은 지불해야 하지만 사용한 만큼 지불하는 '종량제 요금'이므로 쓸데없는 낭비도 없습니다. 만일 설비를 자신이 직접 구입하고 소유하게 되면 초기 투자가 필요하고 유지나 관리도 직접 해야 합니다.

이와 같이 클라우드는 컴퓨터를 사용하는 상식을 근본적으로 바꿔 버린 것입니다.

■ '실패 부담'이 내려가 디지털 비즈니스의 등장을 재촉한다

컴퓨터의 기능과 성능을 싸게 사용할 수 있다.
적은 초기 투자 비용으로 해결할 수 있다.
필요할 때 필요한만큼 사용할 수 있고 언제든지 그만둘 수 있다.

이러한 클라우드의 장점은 이노베이션을 가속화하고 세상의 상식을 크게 바꿔 가고 있습니다.

'진짜는 천 개 중 세 개밖에 없다'는 말이 있습니다. 신규 사업도 이 말처럼 성공확률이 3/1,000이라고 할 정도로 어려운 것이 현실입니다. IT를 사용하여 신규 사업을 일으키는 경우도 마찬가지로 아무리 뛰어난 아이템을 갖고 있어도 비즈니스로서 성립할지 말지는 별개의 이야기입니다. 그래서 성공하려면 수많은 실패를 거듭할 수밖에 없습니다.

예전에는 IT를 활용하여 신규 사업을 하려면 컴퓨터를 구입하고 소프트웨어의 라이선스 요금을 지불해야 했었습니다. 또 그 시스템을 구축하고 운용하기 위한 인재도 채용해야 했기 때문에 초기 투자만으로도 몇 억 원, 경우에 따라서는 수십 억의 자금을 마련해야 했었습니다.

하지만 성공 확률은 '3/1000'입니다. 대출을 받는 것도 그렇게 쉽지 않으며 투자도 얻기 어렵습니다. '실패하면 몇 억 원의 손실'을 각오해야 했고 쉽게 실패할 수도 없었기 때문에 도전도 할 수 없다는 악순환을 낳고 있었습니다.

이런 상황이 클라우드의 보급으로 크게 바뀌었습니다. 시험판이라면 무료로 사용할 수 있게 해주는 서비스도 적지 않고 비용이 들어도 월 10만 원 정도만 지불하면 상당한 성능과 기능을 사용할 수 있습니다. 게다가 소스코드(프로그램 언어로 쓰여진 내용)가 공개되어 수정도 허가하고 있는 오픈소스 소프트웨어(OSS)도 충실하므로 다른 사람의 지견을 이용할 수도 있습니다.

다시 말해 아이디어와 기술이 있으면 돈을 들이지 않아도 간단히 시험해 볼 수 있게 되었다는 뜻입니다. 그리고 '실패하면 몇 억 원'이 '실패해도 몇 만 원'으로 바뀌어 실패를 반복하는 것도 어렵지 않게 되었습니다. 또한 종량제 요금이므로 서비스 이용자의 확대에 맞춰 사용 요금을 지불할 수 있습니다. 이용자가 늘면 수입이 늘어나므로 클라우드의 사용 요금도 간단히 지불할 수 있고 사업이 잘 되지 않으면 클라우드 사용 요금도 줄어들어 자금 부담도 줄일 수 있습니다.

이와 같이 '실패 부담'이 내려가므로 실패를 반복해도 괜찮게 되었습니다. 3/1000의 확률이 바뀌지 않는다면 실패의 횟수가 늘면 성공의 수도 늘어갈 것입니다. 이것이 앞에서 소개한 디지털 비즈니스의 폭발적인 등장의 배경에 있다고 해도 과언이 아닙니다.

이것은 벤처기업의 스타트업에 한정된 이야기가 아니라 기존 기업의 경우도 마찬가지입니다. 'IT를 사용하려고 해도 비용이 너무 많이 들어 포기했다'는 상식은 이제 과거의 일이 되었습니다. 물론 비용이 전혀 안 드는 것은 아니지만 그 허들은 분명히 크게 내려갔습니다.

그러므로 적극적으로 IT의 활용을 모색하고 반복해서 시험해 봐야 합니다. 그리고 실패함으로써 노하우를 쌓아 새로운 성공의 길을 발견하는 것입니다.

새로운 조합의 등장으로 비상식이 상식으로 바뀐다

IT는 우리의 일상이나 비즈니스에 더욱 깊이 침투해 있습니다. 그리고 우리의 일상이나 비즈니스를 크게 바꾸려 하고 있습니다. 그것이 2장에서 소개한 디지털 트랜스포메이션이며 그 토대가 되는 것이 클라우드와 인터넷입니다.

예를 들어, 회계 앱 클라우드 서비스인 freee는 기업이나 가게의 은행 계좌와 금전 등록기 등으로부터 자동으로 회계 정보를 취득하여 회계 업무의 부담을 줄여 줍니다. freee에는 허락을 구한 기업이나 가게의 재무 데이터를 은행과 공유하는 기능이 있어서 은행은 재무 상황을 실시간으로 파악할 수 있습니다. 이와 같은 구조로 인해 '현재 돈의 움직임'을 바로 알 수 있으므로 지금까지는 대출 판단이 어려웠던 경우라도 지금은 쉽게 처리할 수 있게 되었습니다.

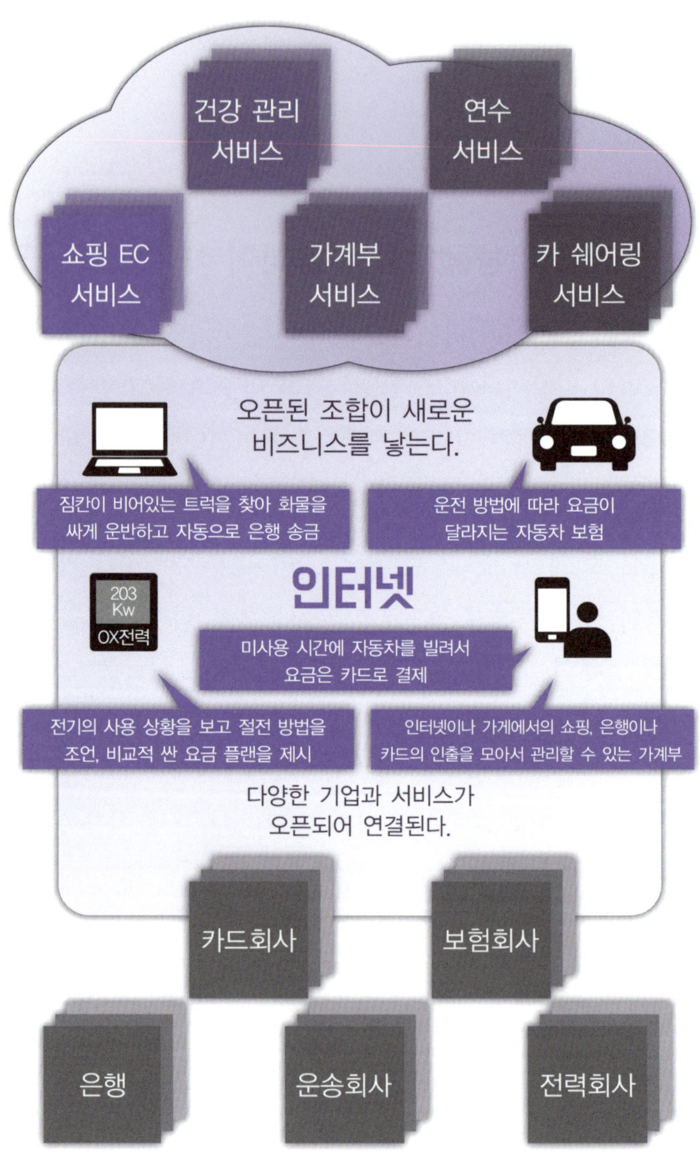

[클라우드에 의한 새로운 조합]

그 외에도 지금까지 이루어지지 않았던 연결이 새로운 비즈니스를 만들어 내고 있습니다.

- 은행 계좌의 예금이나 입출금, 카드 결제 등과 같은 '자신의 돈과 관련된 정보'를 인터넷을 통해 집계하고 컴퓨터나 스마트폰에서 일괄 관리하여 돈의 사용법에 대해 조언해 주는 가계부 서비스
- 웨어러블이나 스마트폰으로 모든 운동이나 일의 활동량을 수집 분석하여 건강과 관련된 조언을 제공하고 분석 결과에 따른 요리 레시피를 소개, 건강식품이나 건강보조제를 판매하는 온라인 쇼핑 사이트
- 자동차가 인터넷과 연결되어 운전 방법을 데이터로 분석하고 그에 따라 요금을 변동시키는 보험 서비스
- Uber나 Airbnb, Raksul과 같이 중개자를 통하지 않고 수요와 공급을 직접 연결하는 쉐어링 이코노미 서비스

지금까지 소개한 다양한 디지털 비즈니스도 모두 이 토대 위에 등장했습니다. IoT 부분에서도 설명했지만 이와 같은 서비스의 상호 연계 및 연쇄에 의해 새로운 가치를 창출하는 토대를 '에코 시스템'이라고 합니다.

스마트폰의 보급과 함께 인터넷 이용자의 폭이 크게 넓어졌습니
다. 그리고 인터넷에 연결되는 클라우드 이용자도 확대되어 다양
한 새로운 연결이 태어나고 에코 시스템이 확대되고 있습니다. 이
로써 일찍이 비상식으로 여겨졌던 조합이 간단히 실현되어 다양
한 이노베이션을 낳고 있는 것입니다.

가속화하는 비즈니스 속도에 대처하기 위한 애자일 개발

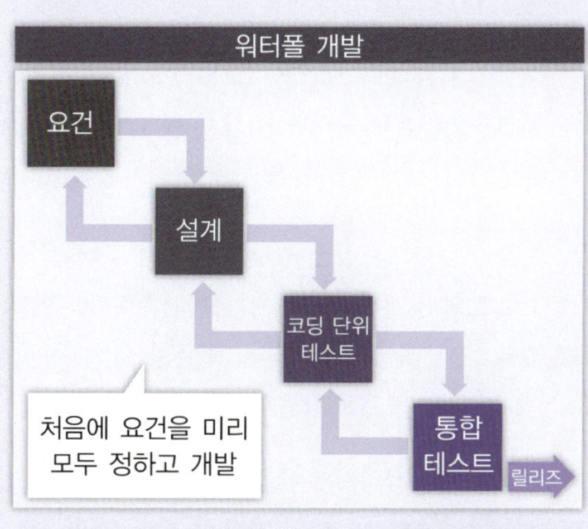

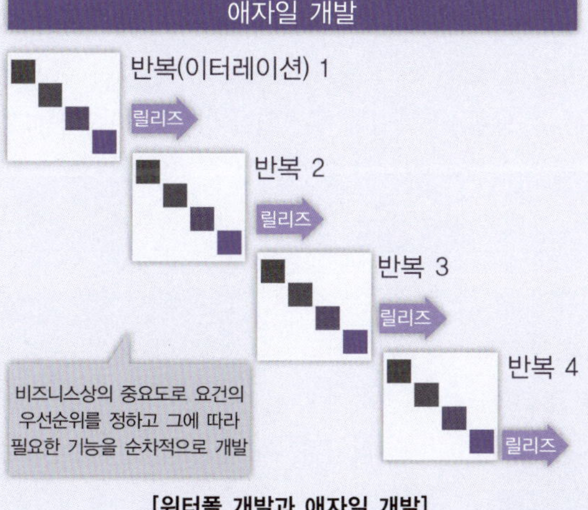

[워터폴 개발과 애자일 개발]

비즈니스의 최전선에서 일하는 사용자의 요구는 시간과 함께 변화합니다. 비즈니스 속도가 가속화되면 이 변화의 속도도 빨라집니다. 지금 정보 시스템의 개발에는 빨라지는 변화에 즉시 대응할 수 있는 능력이 그 어느 때보다 요구됩니다.

종래에는 만들어야 할 시스템의 요건을 '모두' 정하고 개발을 시작하는 워터폴 개발이라는 방법이 주류였지만 이같은 방법으로는 대처할 수 없는 사태가 늘고 있습니다. 그래서 주목받은 것이 애자일 개발입니다.

워터폴 개발은 '전부 만든다'는 것을 전제로 합니다. 그래서 사용자의 요구가 모두 정해지지 않으면 개발에 착수할 수 없습니다. '반드시 사용한다', '사용할 것 같다', '장래에 사용할지도 모른다'와 같은 것을 모두 고려하여 추측을 더해 사양을 결정해 갔습니다.

개발은 기능 단위로 진행해 갑니다. 기능이란 입력 화면, 장표 인쇄, 집계 등 일련의 업무 처리를 수행하기 위한 부품이 되는 것입니다. 이것들을 분담하여 만들고 나중에 연결하여 하나의 업무 처리 흐름을 실현합니다. 그래서 그러한 기능을 모두 완성하여 연결하기까지는 현장에서 사용할 수가 없었습니다. 또한 이 방법에서는 일단 만들기 시작하면 도중에 변경하는 것이 어려우며 모두를 만드는 일이 우선시되었습니다. 변경이나 품질 보증은 프로그램을 전부 작성한 마지막에 처리해야 합니다.

한편 애자일 개발은 '전부 만들지 않는다'는 것을 전제로 합니다. 이 점이 워터폴 개발과 본질적으로 다른 점입니다. 애자일 개발은 '업무상 필요성이 높은 업무 프로세스를 선별하여 우선순위를 정해 정말 사용할 업무 프로세스만 만들어 가자'는 개념입니다. 여기서 말하는 업무 프로세스란 다음과 같은 것입니다.

'출하 지시 버튼을 누르면 창고에 전표가 인쇄되어 출력된다'
'경비 정산 장표에 데이터를 입력하면 경리부서로 전달된다'

이와 같이 하나의 완결된 업무 절차의 흐름입니다. 이를 '업무를 수행하는 데 있어서 중요도가 높다=비즈니스 가치가 높다'와 같은 순서로 우선순위를 정해 순차적으로 개발해 가는 것입니다. '필요한지 아닌지 모르겠다', '있으면 좋을지도 모르겠다'는 만들지 않습니다. 그리고 대강의 공정 일수와 기간의 전망을 세워 개발을 시작합니다. 이 방법의 경우 다음과 같은 장점을 얻을 수 있습니다.

- 모두 완성하지 않아도 만들어진 업무 프로세스부터 순차적으로 현장에서 데모를 하고 실제로 조작하면서 사용법을 확인할 수 있다.
- 문자나 그림으로 그린 종이 사양서를 가지고 상상하는 것이 아니라 직관적으로 좋고 나쁨을 판단할 수 있으므로 개선을 위한 정확한 피드백을 할 수 있다.
- 중요한 부분부터 완성시키므로 중요한 부분일수록 빠른 단계에서 검토할 수 있기 때문에 버그(프로그램의 오류)를 철저히 수정할 수 있다. 후반부가 되면 될수록 개발할 업무 프로세스의 중요도가 낮아지므로 문제가 발생해도 전체에 대한 영향을 최소한으로 할 수 있다.
- 업무 프로세스 단위로 만들기 때문에 도중에 우선순위가 바뀌어도 아직 착수하지 않은 업무 프로세스인 경우 교체가 쉬워서 변경 요청에 유연하게 대처할 수 있다.

결과적으로 단기간, 고품질, 변경이 용이한 개발을 실현할 수 있는 것입니다.

이러한 애자일 개발의 목적을 정리하면 다음 세 가지로 압축할 수 있습니다.

- 예측할 수 없는 미래를 추측으로 정하지 않고 정말 사용할 시스템만을 만듦으로써 쓸데없는 투자를 하지 않는다.
- 실제로 움직이는 '현물'을 확인하면서 현장이 납득하여 사용할 수 있는 시스템을 실현한다.
- 납득할 수 있는 예산과 기간 안에서 최선의 기능과 최고의 품질을 실현한다.

본래 애자일 개발이 태어난 계기는 1986년 일본의 경영학자인 Nonaka Ikujiro씨와 Takeuchi Hirotaka씨가 일본 제조업의 높은 생산성과 효율을 연구한 논문을 〈Harvard Business Review〉에 게재한 데 있습니다.

그것을 읽은 제프 서더랜드(Jeff Sutherland)씨 등이 시스템 개발에 적용을 생각해 1990년대 중반에 애자일 개발의 방법론을 정리한 것입니다. 그러므로 애자일 개발에는 일본의 제조업에 있는 '부단한 개선으로 품질과 생산성의 향상을 양립시킨다'는 정신이 들어 있다고 해도 좋을 것입니다.

IT와 일체화된 비즈니스에 대한 비중이 높아지는 지금 IT 비즈니스 요구에 대한 즉각적인 대응력은 지금보다 더 중요시 될 것입니다. 그런 의미에서도 애자일 개발이 주목받는 것입니다.

현실 세계와 사이버 세계가 하나되어 기능하는 사이버 피지컬 시스템

이 장에서 소개한 IoT와 인공지능, 인터넷과 클라우드는 각각 단독으로 기능하여 가치를 낳는 것이 아닙니다. 서로가 후공정이나 전공정 관계가 되어 큰 구조를 실현하고 있습니다.

우리가 사는 현실 세계(physical world)의 사건을 디지털 데이터로 변환하고 인터넷을 통해 클라우드에게 보내는 장치가 IoT입니다. 이 IoT로 수집한 디지털 데이터를 받아 저장하고 인공지능을 사용하여 분석하여 그 결과를 사용하여 다양한 서비스를 제공하는 것이 클라우드의 역할입니다.

이러한 구조는 현실 세계에 반대되는 말로 '사이버 세계(cyber world)'라고 합니다. 이 사이버 세계와 현실 세계가 하나의 큰 구조로 연결되어 비즈니스의 효율과 질을 높이고 사람들의 생활을 윤택하게 하려는 것이 사이버 피지컬 시스템(Cyber-Physical System: CPS)입니다.

인터넷에 연결되는 사물의 수는 앞으로도 증가해 갈 것입니다. 그렇다면 데이터도 증가해서 현실 세계는 더욱 세세하게 파악되어 갈 것입니다. 그 결과 보다 정밀도가 높은 현실 세계의 디지털 복사본/디지털 트윈이 사이버 세례로 구축되어 갈 것입니다. 그것을 사용하여 더욱 정확한 예측과 최적의 계획과 조언을 할 수 있게 될 것입니다.

정보를 이용하여 현실 세계가 움직이면 그 변화는 다시 IoT가 취득하여 사이버 세계로 피드백됩니다. 그리고 현실의 변화에 맞춰 개선된 서비스가 다시 현실 세계에 제공됩니다. 마치 현실 세계와 사이버 세계가 하나되어 세상을 좋게 만들기 위한 개선 활동을 계속 하고 있는 듯한 이미지입니다. 지금 그런 사회 기반이 만들어지고 있는 것입니다.

IT는 지금보다 일상에 더 파고들어 진화와 함께 지금까지의 상식과는 크게 다른 사회 기반이 실현되어 갈 것입니다. 이 현실을 'IT는 어려우니까'라고 피할 것이 아니라 그 가치와 영향을 올바르게 이해하고 활용해 가야 합니다.

다음 장에서는 그러기 위해서는 어떻게 하면 좋을지, 그런 IT와 어떻게 공존해 가야 할지에 대해 생각해 보겠습니다.

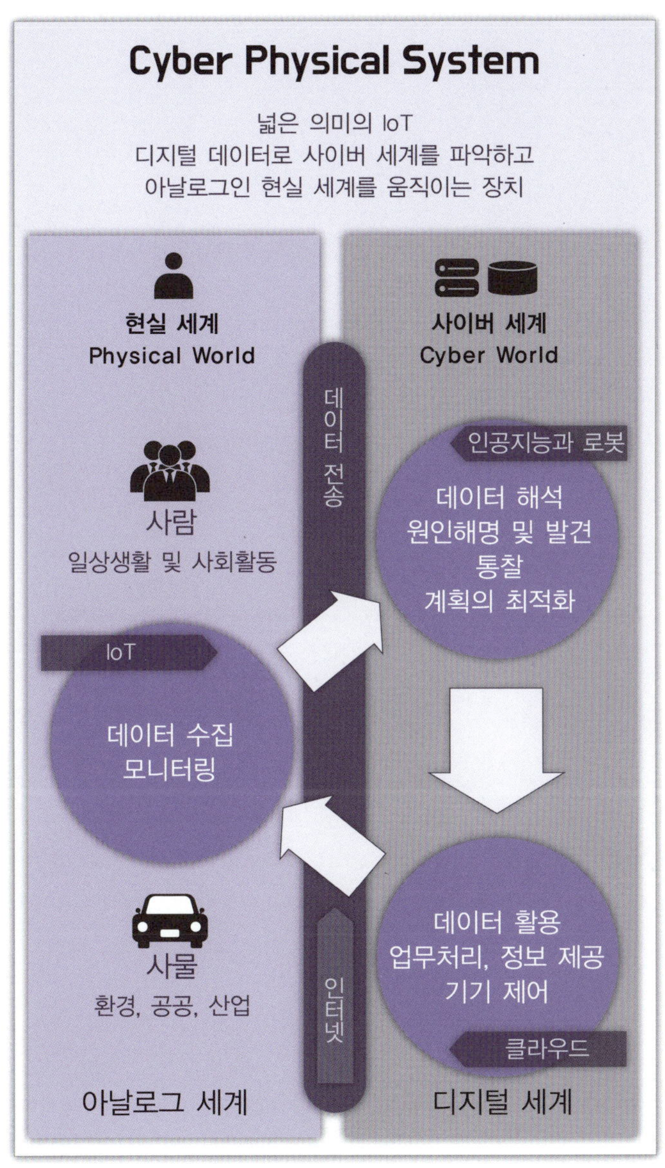

[사이버 피지컬 시스템(CPS)]

제4장

앞으로의 상식을 직접 만들어 내는 방법

{ 여러분도 혁신적인 비즈니스를 만들 수 있다 }

IT는 목적이 아니라 수단에 지나지 않는다

'샌프란시스코에서는 택시가 너무 안 잡힌다. 여기서 타고 싶은데 손을 들어도 택시가 멈춰서 주지 않는다'

라이드쉐어 서비스의 대표인 Uber는 창업자의 그런 실제 경험을 계기로 태어났다고 합니다.

'택시가 이용자의 요구에 응답해 주지 않으므로 내가 직접 만들어야겠다'

그렇게 해서 2009년 3월에 이 회사가 설립되었습니다.

'누구나 언제 어디서든 즉시 스마트폰으로 택시를 호출할 수 있고 기존의 택시와 비교하여 저렴한 요금으로 이용할 수 있다' 그렇게 Uber는 순식간에 세계적으로 퍼져 갔습니다. 그리고 7년 후인 2016년 기준 세계 519개 도시에서 서비스를 전개하고 매출도 10조 원을 넘어서고 있습니다.

Uber의 창업자는 자신이 느낀 것을 '그게 보통이니까 어쩔 수 없다'고 생각하지 않고 '좀 더 좋은 방법이 있을텐데'라고 생각한 것입니다. 그리고 그것을 실현하기 위해 '지금 할 수 있는 최선의 방법은 무엇일까?'라고 생각하고 그 때 '최선의 방법'의 선택지로서 당시로는 아직 생소한 클라우드와 스마트폰에 주목하여 그 가능성을 믿고 시행착오를 되풀이하며 만들어 낸 것이 Uber였던 것이 아닐까요?

2장에서 소개한 다양한 새로운 비즈니스도 그 원점을 살펴보면 이와 마찬가지입니다.

'어려움'을 해결하고 싶다.
좀 더 편리하게 사용하고 싶다.
좀 더 좋은 방법이 있을 것이다.

그런 생각이 새로운 비즈니스를 창출하는 계기가 됩니다. 결코 IT로 비즈니스를 하겠다는 것이 목적이 아니었습니다. 눈 앞에 있는 문제를 해결하기 위해 가장 최선의 방법이 최신 IT를 구사하는 것이었던 것입니다. 그렇게 문제를 해결해 간 사람들이 결과적으로 기존의 업계 질서를 파괴할 정도의 힘을 가지고 누구나 주목하는 새로운 비즈니스를 창출해 온 것입니다.

'인공지능을 사용하여 우리도 뭔가 할 수 없을까?'

경영자가 이런 이야기를 하면 현장 직원들은 무슨 일인가 하고 머리를 싸맬 것입니다. '세간에 인공지능이 화제가 되고 있으니까 우리도 뒤처지면 안 된다'는 것이겠지요. '인공지능을 사용하는 것'이 목적이 되어서는 안 됩니다. 눈 앞에 있는 문제를 해결하고 싶다. 좀 더 좋은 방법으로 효율을 올리고 싶다. 그것이 목적이 되어야 합니다. 목적을 마주하지 않고 '수단을 사용하는 것을 목적으로 비즈니스를 생각'하는 앞뒤가 바뀐 이야기는 일일이 열거하기 힘들 정도로 많습니다.

사람들이 받아들이는 비즈니스는 직면한 문제나 요구를 깨닫고 진지하게 그것을 마주보는 일부터 시작됩니다. 그 해결책으로 'IT가 불러일으키는 새로운 상식=사상으로서의 IT'에 눈을 돌려 그 가능성을 최대한으로 살리려고 하는 생각이 지금까지는 없었던 혁신적인 비즈니스를 낳는 것입니다.

'Uberist'가 되기 위한 3원칙

여러분은 'Uber'의 뜻을 알고 있습니까? '뛰어난' 또는 '돌출된'이라는 뜻이 있다고 합니다. 정말 Uber는 세상의 상식을 바꿔버리는 돌출된 비즈니스가 되었습니다.

Uberist('돌출된 것을 하는 사람'이라는 뜻을 나타내는 신조어)

여러분도 Uberist를 목표로 해보지 않겠습니까? 회사에 근무하고 있는 사람도 앞으로 벤처기업을 세워보려는 사람도 가능성은 얼마든지 있습니다.

그렇다면 어떻게 하면 Uberist가 될 수 있을까요? 이를 위해서는 다음의 세 가지 원칙이 필요합니다.

제1원칙: 문제를 실감한다

누군가가 그런 말을 했다.
세간에 화제가 되고 있다.
저명한 사람이 그런 이야기를 했다.

위와 같은 것은 이미 누군가가 손을 대고 있습니다. 그런 '누군가' 가 말한 것이 아니라 여러분의 일이나 생활 속에서 문제를 직접 실감하는 것이 가장 먼저입니다. 자신이 실감하고 있는 일도 있을 것이고 '공장 현장에서 어려움을 겪고 있는 것 같다', '고객이 어떻게든 해결하고 싶다고 했다'와 같은 일의 경우는 현장에 가서 직접 확인하고 자신의 실감으로 만드는 것입니다.

‘삼현주의’라는 말이 있습니다.

‘현장에 가서 현물을 접하고 현실을 보지 않으면 사물의 본질을 파악할 수 없다’

이와 같은 일을 업무 현장에 침투시키기 위한 말로 제조업 현장에서 중요시되어 왔습니다.

예를 들어, 공장의 생산현장에서 불량품이 발견되었을 때 현장 상황만을 듣고 책상 위에서 하는 판단은 정확하고 적절한 판단이 될 수 없습니다. 불량품이 만들어진 공정(현장)에 가서 불량품(현물)을 접하고 불량이 일어난 상황(현실)을 본다는 삼현주의를 실천하면 보다 올바른 판단을 내릴 수가 있다는 것입니다. 삼현주의로 생생한 현장의 문제나 요구를 실감하는 일이야 말로 ‘이를 해결하고 싶다’는 진짜 의욕과 동기가 부여되는 것입니다.

또한 ‘실감’한 문제가 해결되면 거기에는 반드시 수요가 생겨납니다. 왜냐하면 거기에는 그것을 필요로 하는 구체적인 ‘누군가’가 보이기 때문입니다. ‘누군가가 말했다’와 같은 말에서는 이 ‘누군가’가 명확하지 않습니다. 그래서 비즈니스의 전망을 알 수 없고 탁상공론이 되어 버리기 일쑤입니다. 그렇게 되지 않기 위해서라도 과제를 제대로 실감해야 하는 것입니다.

제2원칙: 트렌드의 흐름을 읽는다

IT는 세상의 상식을 크고 급속하게 바꿔 갑니다. 그 변화에 안테나를 꽂고 향할 방향을 읽는 노력을 게을리 해서는 안 되는데 여기에는 두 가지 의미가 있습니다. 첫 번째는 '요구 변화'를 알기 위해서이고, 두 번째는 '지금 가능한 최적의 방법'을 간과하지 않기 위해서입니다.

① '요구 변화'를 안다

'요구 변화'란 앞으로 회사가 무엇을 추구하여 움직일지를 아는 것입니다. 필자는 그것을 아는 실마리가 '디지털 트랜스포메이션'에 있다고 생각합니다. '사람이 경험으로 현장을 이해하고 사람이 행하는 것을 전제로 최적화된 장치'를 '데이터로 현장을 파악하고 IT가 가장 활약할 수 있도록 최적화된 장치'로 변해 가려는 대변혁에 바로 새로운 변화를 읽는 열쇠가 감춰져 있습니다. 앞에서 소개한 많은 사례는 그런 대변혁의 구체적인 모습입니다. 이 변화를 먼저 선취하여 새로운 시책을 생각해 가는 것이 미래를 내 편으로 만드는 열쇠가 될 것입니다.

② '지금 가능한 최적의 방법'을 간과하지 않는다

예전에는 어려웠던 일을 지금은 쉽게 할 수 있게 됩니다.

가격이 비싸서 도저히 손에 넣을 수 없었던 것을 너무나 싼 가격으로 손에 넣을 수 있게 됩니다.

IT를 자신에게 친숙한 것으로 받아들이고 구사하는 것에 저항이 없는 세대가 늘어 갑니다.

'옛날의 상식은 곧 바뀐다'는 사실에 등을 돌려서는 안 됩니다. '예전에는 이 방법이 최선의 방법이었다'는 이야기가 지금도 통용되리라는 보장이 없습니다. '최선의 방법'은 어느 시대나 새로운 법입니다. 과거의 경험이나 성공담을 '지금'에 강요할 것이 아니라 시대에 맞는 '최선의 방법'을 간과하지 않도록 해야 합니다.

제3원칙: 시행착오를 반복한다

IT가 야기하는 변화의 속도는 너무 빨라서 몇 년 앞을 예측하기조차 힘든 상황입니다. 그에 더해 세계가 IT로 긴밀하게 연결됨으로써 먼 나라나 지역에서 일어난 일이 순식간에 세상을 크게 움직입니다. 마지막까지 예측할 수 있는 완벽한 계획은 없습니다. 제1원칙으로 현장을 느끼면서 제2원칙으로 그 때의 최선의 방법을 구사하여 재빨리 성과를 올리고 변화에 따라 시행착오를 쌓아 올리는 것이 중요합니다.

그때 중요시해야 할 것은 '당사자'로서의 책임입니다. 예를 들어, 새로 집을 지을 때 '뭐든지 상관없으니 싸고 살기 좋은 집을 지어달라'고 건축회사에 부탁하여 만들어진 집을 보고 '이런 집을 의뢰한 게 아니야'라고 해봤자 아무 소용없습니다. 어떤 집을 짓고 싶은지는 건축주가 생각해야 합니다. 건축 관련 서류나 잡지 등을 읽고 최신의 디자인이나 공법, 설비에 대한 지식을 얻고 자신의 라이프 스타일이나 가족 구성, 예산 등을 고려하여 건축회사에게 '이런 집을 짓고 싶다', '이런 가구를 놓고 싶다'라는 생각을 전해야 합니다. 건축회사는 그런 여러분의 의향을 반영하여 전문가로서 제안을 해 줄 것입니다. 그리고 '이렇게 하자, 저렇게 하자' 등 의견을 반복하여 주고받으면서 원하는 집을 완성해 가는 것입니다. 집이 완공되면 건축주는 필요에 따라 설비의 추가나 보수 공사를 전문가에게 의뢰하면서 자신의 생활에 익숙하게 만들어서 보다 쾌적한 생활을 할 수 있도록 해 가는 것입니다. '어떻게 하고 싶은지?'는 건축주의 책임입니다.

IT를 비즈니스에 활용하려고 하는 경우도 이와 마찬가지입니다. 비즈니스 당사자로서의 책임을 자각하고 IT 전문가인 정보 시스템 부서나 IT 업체에게 상담을 할 필요가 있습니다. 그 때 'IT에 대해서는 아무 것도 모른다'는 '아무래도 상관없으니 돈을 버는 시스템을 만들어 달라'고 하면 안 되겠지요.

어느 시대에도 변화는 있었지만 변화의 속도가 지금처럼 빠른 시대는 일찍이 없었다고 생각합니다. 장래에 걸쳐 안심하고 확실한 비즈니스 모델이나 방법을 발견하는 것이 무척 어려운 시대가 된 것입니다. 하지만 클라우드나 인터넷, 나아가 테크놀로지의 발전 덕분에 실패 부담이 크게 줄어들었습니다. 그런 시대의 지원을 풀로 활용하여 당사자로서의 책임을 자각하고 '시행착오'를 되풀이하는 것이 비즈니스를 성공시키는 중요한 요건이 됩니다.

IoT 비즈니스를 성공시키는 세 가지 요건

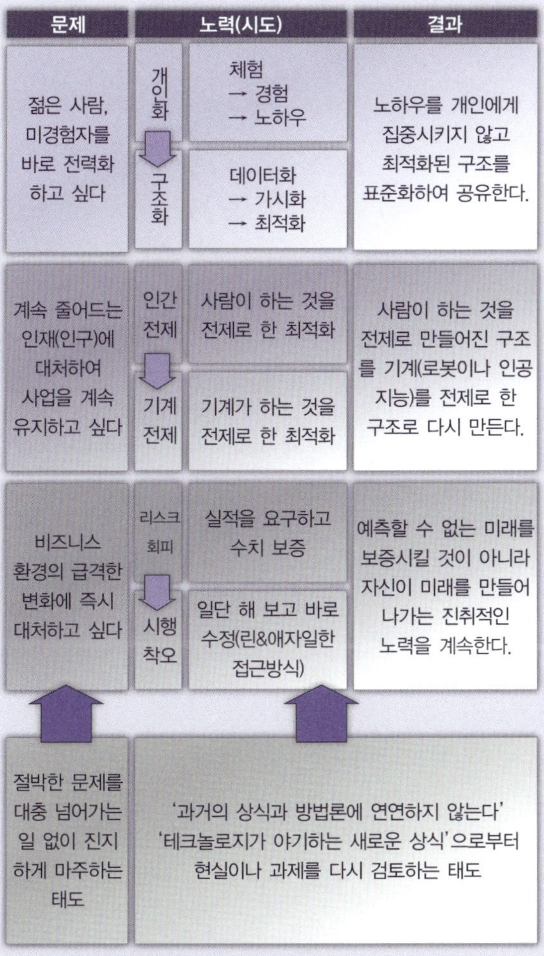

[IoT에 대한 노력을 성공시키는 세 가지 요건]

이 도표는 여러 가지 IoT 비즈니스의 성공 사례로부터 성공의 요건을 정리한 것입니다. 어떤 노력에나 공통된 점은 사장이 'IoT로 뭔가 할 수 없을까?'라고 해서 'IoT의 실천'에 힘씀으로써 나온 성과가 아니라는 점입니다. '인재의 부족', '격심한 경쟁', '빠른 변화'에 직면하여 문제를 해결하려고 할 때 과거의 경험이나 방법론에 얽매이지 않고 '지금 할 수 있는 최선의 방법은 무엇인가?'를 추구한 결과 그 해답이 'IoT였다'로 이어졌을 뿐입니다.

또한 결코 새로운 것만 도입한 것이 아니라 이미 사내에 축적된 기술 요소나 노하우를 새로운 시선으로 다시 조합하여 거기에 새로운 요소를 부가함으로써 업계의 상식을 바꾼 사례도 있습니다. '이노베이션은 신결합이다'라고 간파한 슘페터의 말(제2장의 칼럼 '이노베이션이란 무엇인가'를 참조)을 훌륭하게 구현한 사례도 있습니다.

여기에 소개한 '문제/노력(시도)/결과'라는 틀은 'IT'에만 국한된 고유한 개념이 아닙니다. 어떤 비즈니스 도전에도 사용할 수 있는 성공의 방정식이라고 할 수 있습니다.

{ 새로운 비즈니스를 만들기 위한 3스텝 }

원칙을 이해했으면 '전략', '작전', '전술'이라는 3스텝으로 새로운 비즈니스를 만들어 갑니다.

- **스텝1: 전략(Strategy)**

지향해야 할 목표, 즉 '꿈꾸는 모습'을 분명히 하고 그것을 실현하기 위한 시나리오인 '비즈니스 모델'을 그린다.

- **스텝2: 작전(Operation)**

전략을 실현하기 위한 개별 프로젝트인 '비즈니스 프로세스'를 짠다.

- **스텝3: 전술(Tactics)**

프로젝트를 수행하기 위한 수단이나 도구인 '편리한 사용법이나 모양'을 만든다.

이제 각 스텝을 하나씩 살펴보겠습니다.

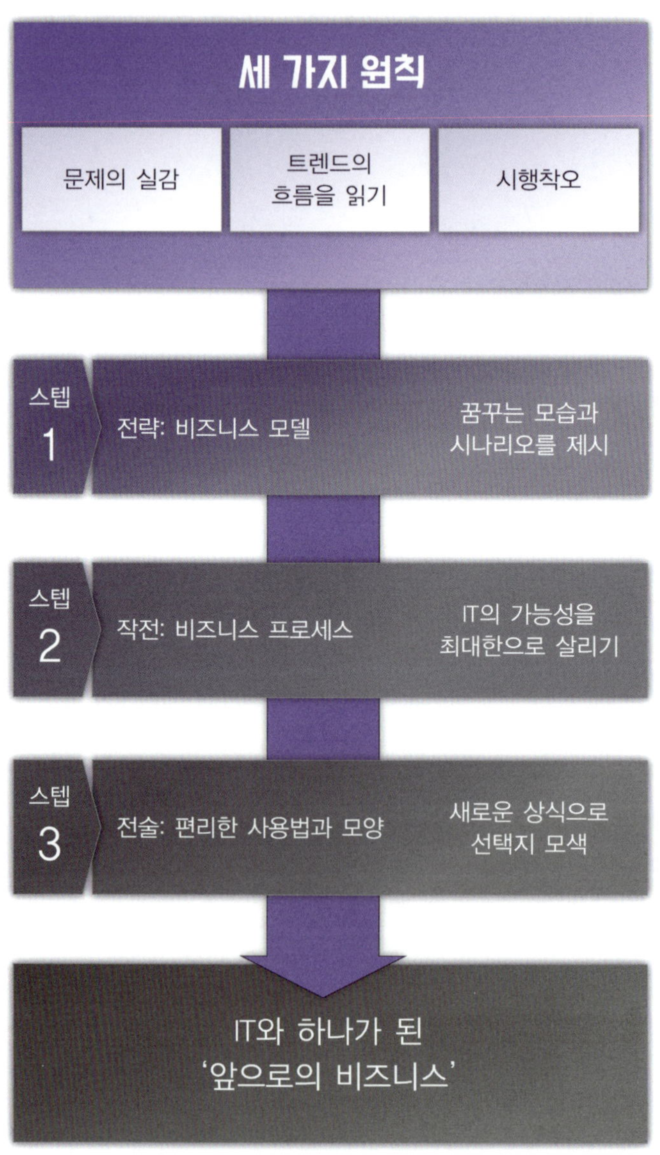

["Uberist"가 되기 위한 실천 스텝]

스텝1: 전략(Strategy)

전략에서는 다음 두 가지가 필요합니다.

- 꿈꾸는 모습을 명확히 한다.
- 비즈니스 모델과 실현 시나리오를 그린다.

■ 꿈꾸는 모습을 명확히 한다

목적은 IT라는 수단을 사용하는 것이 아니라 비즈니스를 성공시키는 것입니다. 이를 위해서는 '성공했을 때의 상태' = '꿈꾸는 모습'을 구체적으로 그리고 그것을 실현하려고 노력해야 합니다. '꿈꾸는 모습'이란 다음과 같은 것을 표현한 것입니다.

- 결과가 어떻게 되어 있을지
- 이것이 되어 있다면 '성공'이라고 말할 수 있는 모습
- 이상적인 형태

'어떻게 실현할지'가 아니라 다음과 같이 '어떻게 됐으면 좋겠다'라는 결과를 구체적으로 그리는 것이 먼저 할 일입니다.

- 이 분야에서는 업계 탑 위치를 확보하고 싶다.
- 고객 만족도 1위를 해서 고객을 잡고 싶다.
- '일시적인 매출의 급증'에서 '장기간 지속적인 수익의 증가'로 사업 전환을 꾀하고 싶다.

이때 '도저히 지금의 나로서는 불가능할 것 같다'는 현실은 일단 접어두기 바랍니다. 현실을 생각하기 시작하면 대담한 발상을 하기 어렵기 때문입니다. '어떻게 되어 있을까=결과'를 단순히 추구하기 바랍니다. 언젠가는 현실과 마주해야 하지만 우선은 이상을 추구하는 것이 중요합니다.

■ 비즈니스 모델과 현실의 시나리오를 그린다

그 다음 '꿈꾸는 모습'을 실현하기 위한 비즈니스 모델과 거기에 다다르기 위한 시나리오 '사상으로서의 IT'를 전제로 대담하게 생각해 갑니다.

'비용이 많이 들어서 도저히 생각할 수 없다'
'고도의 기술이 필요하므로 사람밖에 할 수 없다'
'업무 연계나 사람과의 연결을 간단히 만들 수 없다'

이와 같은 옛날 비상식이 지금은 상식이 되어 있는 경우도 많습니다. '그게 가능할 리가 없다'고 생각하지 말고 테크놀로지의 트렌드나 디지털 비즈니스 사례를 철저히 조사하여 새로운 상식으로 가능성을 찾기 바랍니다.

예를 들어, 부품을 산 고객이 어떻게 사용하고 있는지를 알기 위해서는 등록된 고객 정보를 바탕으로 앙케이트를 부탁하거나 조사회사에 조사를 의뢰하는 것 외에 방법이 없었습니다. 그래서 그런 조사에 협조적인 일부 샘플밖에 데이터를 모을 수가 없어서 불완전한 데이터를 가지고 추측을 할 수밖에 없었습니다.

하지만 센서나 통신장치가 소형화 및 고성능화되어 단가도 상당히 싸졌고 누구나 스마트폰을 갖고 돌아다니는 지금은 상황이 일변했습니다. 상품에 미리 센서나 통신기능을 내장시켜 두고 스마트폰과 연계하여 상품의 부가가치를 높이는 서비스를 제공할 수 있습니다. 물론 그 서비스는 '사용하고 싶다' 또는 '사용하지 않으면 손해'라는 생각이 들게 할 정도로 매력적인 것이 아니면 안 되겠지만 일단 고객이 사용하게 되면 이용 상황을 실시간으로 완전하게 파악할 수 있습니다.

또한 어떤 온라인 서비스를 제공할 때 '이용자별로 사용법이나 취미 기호를 파악하여 그에 맞춰 메뉴를 바꿔 서비스의 매력을 높이고 싶다' 또는 '적절한 옵션 서비스를 제안하여 수익을 늘리고 싶다'고 합시다. 그러기 위해서는 고도의 분석 기능이나 그 결과의 해석, 그를 바탕으로 한 추천 기능 등을 포함시킬 필요가 있어서 고도의 패키지 소프트웨어를 구입하거나 전문 엔지니어를 고용하여 그런 장치를 직접 개발해야 했습니다. 하지만 지금은 그런 일을 해주는 인공지능 서비스가 클라우드로 제공되고 있습니다. 더구나 사용한 만큼만 요금을 내면 되므로 초기투자 리스크도 없습니다. 그런 것을 자사의 서비스에 간단히 포함시킬 수 있는 시대가 되었습니다.

물론 서비스를 잘 구사하기 위한 스킬은 필요하지만 기술적인 어려움은 많이 완화되었고 업무의 프로라면 조금만 공부하면 사용할 수 있는 서비스도 등장했습니다. 이런 것은 몇 년 전까지는 비상식적인 일이었을지 모르지만 지금은 충분히 실현 가능한 일이 되었습니다.

이와 같은 정보는 인터넷이나 서적으로 조사할 수도 있지만 벤처기업이나 대학 등의 공동연구, 뛰어난 기술이나 아이디어를 모으는 이벤트 개최나 커뮤니티에 참가함으로써 감도를 높여 최신 사정을 접하고 지견이나 지식을 가진 사람들과 네트워크를 형성해 놓는 것도 효과적입니다. 사실 IoT나 FinTech, 인공지능 등의 분야에서는 대기업과 벤처기업, 대학 등이 하나되어 컨소시엄을 시작하는 사례도 늘고 있습니다.

'신규 사업'을 만들 것인지?
'신규 사업계획'을 만들 것인지?

'그런데 여러분은 무엇을 팔고 싶습니까?'
신규 사업을 검토하는 회의에서 이런 질문을 던졌습니다.

'어떤 수요가 있는지는 알겠습니다. 여러분이 무엇을 할 수 있는지도 알 겠습니다. 그런데 그것을 어떤 비즈니스로 만들려고 하고 있습니까?'
아직 거기까지는 생각하지 않은 모양이었습니다.

'일반론으로서의 수요는 알겠습니다. 하지만 구체적으로 누가 어떤 상황 에서 무엇을 원하고 어떻게 하고 싶은지를 생각하고 있습니까? 그 실체를 갖고 있습니까?'

현실성이 있는 실제 '사용자'를 상상할 수 없는 비즈니스가 잘 될 리가 없 다는 것쯤은 누구나 쉽게 예측할 수 있습니다. 그럼에도 불구하고 자신이 할 수 있는 것과 일반론적인 상황을 연결하여 새로운 사업을 그리고 마치 큰 가능성이 있는 듯한 합리적인 사업계획을 만드는 현장을 몇 번이나 본 적이 있습니다.

왜 그런 일이 일어나는 것일까요? 그 이유는 목적이 '신규 사업'을 만드 는 것이 아니라 '신규 사업계획'을 만드는 것이 되어버렸기 때문입니다.

계획에는 승인자가 납득할 수 있는 합리성이 필요합니다. 그래서 자신들 의 경험과 기존 고객의 사례, 세간의 화제 등 알기 쉬운 말이나 숫자를 짜 맞추어 상대에게 쓸모없는 스트레스를 주지 않고 순순히 납득해줄 것 같 은 계획을 만들려고 합니다. 알기 쉬움이나 로직이 우선시되어 거기에 어 울리지 않는 사실은 빼버립니다. 그 결과 자신들이 할 수 있는 일, 기존 고객과 같이 지금까지의 사업자산에 딱 맞는 시장을 창조하고, 그 시장에서 자신들 형편에 맞게 행동해주는 고객을 창조하고, 그 시장과 고객에게 딱 좋은 데이터와 그 해석을 함으로써 '아주 잘 될 것 같은 사업 계획'을 창조해 버리는 것입니다.

본래 신규 사업이란 새로운 시장과 고객을 개척하는 것이므로 '이미 알고 있는 사실'이나 '기존의 상황'을 그대로는 사용할 수 없습니다. 그럼에도 불구하고 기존 사실의 연장선에서밖에 생각할 수 없다면 그것은 이미 '신규 사업'이라고 부를 수 없습니다. 그렇다면 이런 일에 쓸데없이 시간을 낭비하는 것보다 기존 사업을 더욱 개선하여 이익을 올리거나 고객의 폭을 넓히는 노력에 시간을 쏟는 편이 훨씬 유익합니다.

Teachme라는 서비스를 알고 계십니까? 업무 절차서나 작업 지시서와 같은 매뉴얼을 스마트폰으로 간단히 만들 수 있는 서비스입니다. 작업 장면이나 조작 화면을 작업의 흐름에 따라 사진을 찍어가기만 하면 매뉴얼의 기본적인 흐름이 만들어집니다. 그 다음은 필요에 따라 설명을 추가하기만 하면 완성됩니다.

이것을 만든 사람들은 원래 업무 프로세스를 개선하기 위한 컨설턴트로 일을 하면서 개선된 프로세스를 현장에 숙달시키기 위한 매뉴얼을 만들었었습니다. 이를 위해 많은 시간과 노력을 할당해야 해서 '이것을 어떻게 해결할 수 없을까?'라는 발상으로부터 이 서비스를 생각해 냈다고 합니다. 여러 시행착오와 고생이 있었다고 여겨지는데 지금은 순조롭게 고객을 늘려가고 있다고 합니다.

그들에게는 현실적인 현장 수요가 있었기 때문에 '뭐가 필요한지?', '어떻게 하면 되는지?'를 구체적으로 이해했을 것입니다. 통계적인 근거는 없지만 사용하고 싶다고 생각하는 사람이 확실히 있다는 것을 감각적으

로 알고 있었을 것입니다. 잘 되는 신규 사업이란 이런 감각적 이해로부
터 발상되는 것인지도 모릅니다.

결코 수치적인 근거나 KPI(Key Performance Indicator: 중요 업적 평가
지수) 설정을 가볍게 보는 것은 아닙니다. 하지만 본래 새로운 사업이므
로 시장을 모르는 것은 물론 전제가 되는 수치도 없습니다. 그래서 그런
구체적인 현장 요구로부터 발상을 하고 시행착오를 되풀이하면서 개선을
거듭해 가는 것밖에 방법이 없는 것입니다. 어느 정도 비즈니스가 궤도에
오르기 시작하고 수치를 예측할 수 있게 되면 KPI도 설정할 수 있을 것입
니다.

단, 이런 '신규 사업'을 기존사업의 계획과 똑같은 포맷으로 그리지 않으
면 승인을 하려고 하지 않은 의사결정 프로세스가 있다면 아무리 시간이
지나도 '신규 사업'은 태어나지 않습니다.

'신규 사업'을 만들 것인지?
'신규 사업계획'을 만들 것인지?
다시 한 번 질문을 해 보는 것이 좋을 것입니다.

스텝2: 작전(Operation)

다음 단계는 '장치로서의 IT'를 검토하는 것입니다.

'어떤 절차로 어떻게 처리해서 어떤 방법으로 결과를 낼까?'

이와 같은 비즈니스 프로세스나 업무 절차를 명확히 하고 그것을 실현하기 위해 최선의 방법을 생각해 갑니다. 여기서도 IT의 가능성을 추구하는 것이 중요합니다. 예를 들어, 다음과 같은 것은 이미 실현 가능합니다.

- 스마트폰으로 사진을 찍으면 자동으로 보고서의 틀이 만들어져 진척 예정과 실적도 자동으로 업데이트된다.
- 기계를 음성만으로 지시하여 조작하고 관계자에게 연락이나 통지하여 필요한 경우는 그것을 문장으로도 바꿔 준다.
- 데이터를 입력하면 그 내용을 분석하고 최적의 도표를 자동으로 작성해 준다.

이와 같이 IT가 할 수 있는 것을 전제로 장치를 만들면 일의 효율이나 정확도를 비약적으로 높일 수 있을 것입니다.

스텝3: 전술(Tactics)

마지막은 '도구로서의 IT'의 사용법입니다. 예를 들어, '어떤 태블릿 단말기가 가성비가 높은지?', '어떤 패키지 소프트웨어가 최적인지?', '어떤 개발 툴을 사용하면 개발의 생산성을 높일 수 있는지?' 등입니다.

'앞으로 실행하려고 하는 작전에 알맞는 수단으로써 최적인 것은 무엇인가?'
'그것을 사용하려면 절차나 스킬은 어느 정도 익혀야 좋은가?'

이와 같은 것은 IT 전문가인 정보 시스템 부서나 IT 업체에게 의뢰하면 좋을 것입니다.

주의해야 할 점은 실적이나 경험에 연연하여 새로운 일을 주저하는 보수적인 사람들의 존재입니다. '실패를 용서하지 않는 만점 문화'를 가진 기업에는 그런 사람들도 적지 않게 있습니다. 하지만 지금까지 누누이 말했듯이 IT의 발전은 나날이 상식을 덮어쓰고 있습니다. 그런 전제에 서서 그때그때의 새로운 상식으로 '도구로서의 IT'의 선택지를 모색하지 않으면 성과도 제약을 받을 것입니다.

그렇기 때문에 사업에 책임을 가진 경영자나 전문부서의 직원이 IT의 가능성과 한계를 올바르게 이해하고 시행착오를 허용하는 태도를 가지지 않으면 안 됩니다. 그런 문화를 구축해 가는 것도 앞으로의 비즈니스를 만들어 내기 위해 필요하다고 할 수 있습니다.

{ 어디를 공략하면 좋은가? }

새로운 비즈니스를 만들기 위한 마음가짐과 진행 방법을 이 해했으면 이제 어떤 점에 착안하여 비즈니스의 아이디어를 짜면 좋을까요?

시장 확대의 가속화에 착안한다

인터넷에 연결된 사물이 2009년 25억 개 있었던 것이, 2015년에는 180억 개로 늘었고, 2020년에는 500억 개에 달할 것이라고 예측하고 있습니다. IoT는 빠른 기세로 시장을 급속히 확대시켜 가고 있습니다.

급속히 확대되는 시장의 기술은 미숙한데 변화는 빨라서 그 움직임을 따라 우위를 선취하는 일이 쉽지 않습니다. 또한 시장의 평가가 확립되지 않은 단계이므로 거기서 사용되는 다양한 기술이 장래에도 살아남을지 말지 모른다는 리스크도 있습니다. 한편 시장이 가속화되므로 작은 어드밴티지가 단기간에 큰 차이를 만들어 내기도 합니다.

새로운 사업은 이런 시장의 가속화에 착안해야 합니다. 이미 확립된 큰 시장에는 강호들로 북적거리고 있습니다. 그런 시장에서 싸우는 것은 쉽지 않을 뿐더러 선행 기업의 압도적인 경쟁력에 나가 떨어지거나 가격 경쟁을 요구받는 등 비즈니스로서 성과를 좀처럼 얻을 수 없습니다.

지금은 규모가 작아도 가속화되는 시장에 하루라도 빨리 참여해야 합니다. 자신도 미숙하지만 고객도 경쟁타사도 미숙합니다. 그렇기 때문에 IT의 동향을 간파하고 자신들끼리만 하려고 하지 말고 오픈으로 할 수 있는 사람들을 끌어들이는 것입니다. 그렇게 해서 한발 먼저 들어감으로써 시장에서 주도권을 확보할 수 있습니다.

'분명 누군가가 할 일'에 착안한다

2장에서 소개한 건설공사 자동화 서비스인 '스마트 컨스트럭션'을 제공하고 있는 코마츠는 불도저나 동력삽 등과 같은 건설기계를 만들어 판매하는 회사이기도 합니다.

그 코마츠가 자사의 제품을 판매하지 않고 서비스로 고객에게 제공함으로써 자신들의 본업을 방해하게 된다고 생각하지 않았나 하고 코마츠 사업책임자에게 물어본 적이 있습니다. 그랬더니 그는 다음과 같이 이야기했습니다.

'언젠가는 다른 회사도 똑같은 것을 시작할 테지요. 그렇다면 다른 회사가 시작하기 전에 우리가 먼저 시작해서 하루라도 빨리 노하우를 축적하여 다른 회사보다 앞서는 것이 상책이라고 생각했습니다'

또한 저출산 고령화가 진행되어 건설 노동자를 확보할 수 없는 시대를 맞이하는 반면 건설 수요는 확대되어 그런 변화에 대응하기 위해서도 이러한 시도가 필요했다고 합니다.

코마츠는 현재 이 분야에서는 다른 회사의 추종을 허락하지 않을 정도로 압도적인 경쟁 우위를 구축하고 있습니다. 이와 같이 시장의 과제를 선취함으로써 수요를 확대시키고 실적과 노하우를 앞서서 쌓아가고 있는 것입니다.

'언젠가 누군가가 한다면 그것을 먼저 자신들이 한발 앞서 주도권을 확보한다'는 것이 비즈니스를 성공으로 인도하는 기본이라고 할 수 있을 것입니다.

범용 목적 기술에 착안한다

역사를 뒤돌아보면 새로운 기술의 등장은 경제 발전이나 사회 구조의 변화에 큰 역할을 해 왔습니다. 하지만 모든 기술이 같은 역할을 한 것은 아닙니다. '다양한 분야에서 적용 가능한 기술'이 그 역할을 해 왔습니다. 이러한 기술을 '범용 목적 기술(GPT: General Purpose Technology)'이라고 합니다.

예를 들어, 18세기 후반~19세기 중반의 제1차 산업혁명을 지지한 증기기관은 제조업뿐만 아니라 철도나 선박에도 용도가 확대되어 경제와 사회의 구조를 크게 바꿔 갔습니다. 또한 19세기 후반~20세기 초반에 일어난 제2차 산업혁명을 지지한 내연기관(엔진)이나 전기도 사회의 곳곳에 두루 미쳐 지금도 우리의 사회나 생활을 지지하는 주요한 기술로 널리 사용되고 있습니다. 이러한 기술이 GPT입니다.

이 외에도 1940년에 등장한 컴퓨터, 1990년에 보급이 시작된 인터넷 등도 우리의 생활과 사회에 침투하여 그 활동에 다양한 영향이나 변화를 주어온 GPT라고 생각할 수 있습니다.

다음에 올 GPT는 인공지능(AI: Artificial Intelligence)일지 모릅니다.
AI는 이미 특별한 존재가 아니라 다양한 곳에 사용되기 시작했습
니다.

예를 들어, 기계 번역이나 음성에 의한 검색, 쇼핑몰 사이트에서
상품 소개, 콜센터에 거는 문의에 대해 최적의 대답을 추천하는
기능 등이 그렇습니다. 또한 의료 현장에서의 진단 지원이나 자율
주행차의 등장은 AI의 가능성을 한층 더 실감나게 해 줍니다. 이
와 같이 AI는 우리 일상의 다양한 분야에 널리 적용 가능한 기술로
보급되고 있으며 GPT로의 요건을 갖추고 있다고 할 수 있습니다.

그렇다면 클라우드 컴퓨팅이나 IoT도 GPT라고 할 수 있을까요?
여기에는 여러 견해가 있는 듯 하지만 개인적인 의견으로는 GPT
는 아니라고 생각합니다.

이 둘은 모두 GPT와 같은 범용 기술이나 그것을 개선한 응용 기술
을 조합한 장치입니다. 예를 들어, IoT는 다음과 같은 기술들로 이
루어진 것이며 그것들을 구사해서 다양한 가치를 만들어 내려고
하는 장치입니다.

- 데이터를 수집하는 센서 기술
- 컴퓨터나 전자기기를 소형화하는 반도체 기술
- 모은 데이터를 인터넷으로 보내는 통신 기술
- 데이터를 해석하고 규칙성이나 룰을 찾아내는 인공지능 기술

IoT는 범용성이 높고 시장의 성장도 크게 기대되는 분야가 있는 것은 분명한 사실이지만, 이를 하나의 기술영역으로써 GPT로 묶는 것은 조금 아니라는 생각이 듭니다.

어찌됐든 사회나 경제의 변혁을 GPT와 그 응용 기술이 낳는다고 한다면 그 동향에 착안함으로써 앞으로 어떤 미래가 펼쳐질지를 예측할 수 있습니다. 그리고 그런 GPT에 비즈니스의 주축을 올려놓으면 다양한 비즈니스 분야에 대한 응용이 가능하다는 것도 사실입니다. 그런 시점에서 '상품으로서의 IT'의 사업 영역을 생각해 보면 좋을지도 모릅니다.

효율적인 정보 수집과 아웃풋을 위한 습관

필자는 평일에 매일 A4 용지 1~2장 정도의 문장을 이 책에서 소개한 것과 같은 도표와 함께 아침에 한 편씩 블로그 기사로 투고하고 있습니다. 테크놀로지, 비즈니스, 인재육성 등 여러 가지 떠오른 것과 조사한 것을 나름대로 정리하여 문장과 도표로 만들어 기사를 작성합니다. 또한 주말에는 조금 시간을 들여 IT 비즈니스와 관련된 사람들용으로 기업이나 경영에 관한 기사를 블로그에 투고하고 있습니다.

'어떻게 그런 많은 정보를 수집하고 있습니까?'
'어떻게 하면 이런 차트나 문장을 작성할 수 있습니까?'
이런 질문을 받는 경우도 있습니다. 그 비밀(?)을 조금 소개하겠습니다.

■ 랜덤 액세스

정보 수집의 경우는 이렇다 할 장르를 정하지 않고 그때그때 관심이 가는 대로 웹 기사를 조금씩 살펴보고 있습니다. '제목에 속아서 실망'하는 일도 많지만 그런 것도 일단은 훑어보고 재미가 없으면 다른 기사로 넘어가는 일을 하는 중에 '오호, 이건!'이라는 정보를 만나는 경우가 있습니다. 그때는 기사를 제대로 읽고 관련된 정보를 인터넷으로 찾고 좀 더 깊이 알고 싶으면 서적을 사려고 하고 있습니다.

계기를 만들어 주는 것은 트위터나 페이스북입니다. 관심이나 흥미, 전문 분야가 다른 사람들이 발신하는 다양한 투고는 정보의 존재를 아는 계기를 효율적으로 부여해 줍니다. 물론 재미없는 화제도 많이 있지만 그 이상으로 매력적인 정보에 대한 계기를 얻을 수 있으므로 귀중한 정보원이 됩니다. 그런 계기를 부여해 주는 '친구'도 중요합니다.

어릴 적 어머니가 '좋은 친구를 사귀어라'라고 말했던 의미를 지금 새삼스럽게 실감하고 있습니다(웃음).

그 외에도 업무 중 대화나 회식 자리에서의 화제, 잡지나 신문 등 재미있을 것 같은 화제를 접할 기회는 많이 있습니다. 그런 것에 적극적으로 관계함으로써 계기를 늘리려고 하는 노력이 다양한 정보로 이끌어 주는 것입니다.

■ 액티브한 참여

세미나나 이벤트는 요점을 단시간에 정리할 수 있는 기회가 되지만 그것을 단지 수동적으로 받아들일 것이 아니라 질문을 하거나 간담회에 참여하면 얻을 수 있는 것이 배로 늘어나게 됩니다.

특히 질문은 매우 효율 좋은 정보 정리술입니다. '어떤 질문을 할까?'라고 항상 생각하면서 이야기를 들으려고 하고 있습니다. 설령 질문할 기회가 없더라도 '왜지? 무슨 뜻이지?', '이 사람은 무엇을 전하려고 하고 있지?'라고 생각하면서 이야기를 들으면 머릿속이 상당히 잘 정리됩니다.

그것을 질문이라는 형태로 메모해 갑니다. 그 대답을 나중에 찾아보거나 문장으로 정리함으로써 들은 이야기 이상의 여러 것들이 보이기 시작할 때가 있습니다.

또한 세미나나 이벤트를 주최하거나 운영 측에 관여하는 일에도 의욕을 불사르고 있습니다. 듣는 측에서는 얻을 수 없는 깊은 논의나 폭넓은 정보를 손에 넣을 수 있기 때문입니다. 기획이나 운영에 관계하는 사람들은 정보의 발신이나 공유에 보통 이상의 의욕을 갖고 있는 사람이 많아서 그 공동 효과는 일방통행에서는 얻을 수 없는 깊은 이해와 확대를 부여해 줍니다.

■ 아웃풋 사고

저는 '아웃풋을 위한 정보를 수집'하고 있습니다. 정보는 흘러가는 것이라 그 모양은 남지 않습니다. 그것을 어떤 형태로 남기기 위해서는 궁리가 필요합니다.

'어떤 표현을 사용하면 상대가 잘 이해할 수 있을까?'
'어떤 그림을 그리면 직감적으로 이해할 수 있을까?'
'어떤 순서로 전달하면 이해하기 쉬울까?'

이와 같이 다른 사람에게 전달할 것을 의식하면서 정보를 모으는 것입니다.

그리고 노트에 손으로 갈겨 씁니다. 다른 사람이 보면 뭐가 쓰여 있는지 모를 정도의 낙서입니다. 그런 낙서를 되풀이하는 중에 점점 구체적인 형태가 만들어져 갑니다.

또한 생각이 난 것이나 어중간하지만 정리한 것을 페이스북에 발신하고 저 나름대로 납득할 수 있는 차트나 문장이 만들어지면 블로그에 투고하고 있습니다. 그때 자신의 말로 다른 사람에게 전한다는 것을 의식하고 있습니다. 원래 정보는 다른 사람의 것이었다 할지라도 다른 정보를 넣거나 자신의 해석을 추가해서 제 자신의 말로 만드는 것입니다. '표현이 알기 쉬운지?'를 항상 생각하며 거듭하여 퇴고를 해 갑니다.

이런 사고방식을 하다 보면 무엇이 가지이고 무엇이 줄기인지 즉, '사물의 본질'이 보이기 시작합니다. 그렇게 해서 완성된 것을 발신하는 것입니다.

기사를 투고하면 코멘트를 받기도 합니다. 그 덕분에 자신의 착각이나 짧은 생각을 깨닫고 새로운 해석이나 관련 정보를 알 수 있으며 더욱 깊이 고찰할 수 있게 됩니다.

■ 아침의 골든타임

이런 작업을 위해서는 시간이 필요합니다. 그래서 새벽에 '정해진 시간'을 만들려고 하고 있습니다.

원칙적으로는 오전 5시에 일어나서 먼저 욕조에 몸을 담그고 30분 정도 책을 읽습니다. 그 다음 커피를 마시면서 인터넷을 살펴봅니다. 1시간 정도 인터넷 정보를 수집하고 정리한 후 거기서 느낀 것이나 그동안 써 둔 문장을 블로그 기사로 완성해 매일 투고하고 있습니다.

이동 중에 스마트폰이나 책으로 정보를 수집하는 것도 중요한 작업입니다. 강의나 강연의 휴게시간에도 그런 일을 하고 있습니다. 밤에는 술을 마셔야 하므로 시간이 없기 때문에 새벽 밖에 시간을 만들 수 없습니다.

'새벽을 정보 수집과 정리에 사용'하는 습관은 사회인이 되었을 무렵부터 하던 것입니다. 벌써 30년 정도 계속해 오고 있습니다. 일본 IBM에서 현역으로 영업을 하던 시절에는 하루가 지옥같이 바빠서 자신을 위한 시간은 새벽 밖에 없었습니다. 그런 제약이 이런 습관을 몸에 익히게 해 주었습니다.

방법은 사람마다 다를 것입니다. 자신에게 맞는 방법은 스스로 찾을 수밖에 없습니다. 하지만 혹시 여기에 소개한 방법이 참고가 된다면 한 번 시험해 보기 바랍니다.

'먼저 결심을 굳히고 나서 행동한다'는 방법은 실패로 가는 지름길입니다. '먼저 행동을 하면 결과적으로 결심이 굳어지는 법'입니다. 그리고 시행착오를 되풀이하면서 자기 나름대로 스타일을 발견해 가기 바랍니다.

IT를 내 편에 둔 사람만이 살아남는 시대로

IT는 지금까지의 일상이나 사회의 상식을 바꾸고 있습니다. 그런 IT를 '적이라고 무찌를지' 아니면 '내 편으로 만들지', 여러분은 어느 쪽을 선택하겠습니까?

역사를 되돌아보면 변화가 없었던 시대는 없었습니다. 그 변화를 규명하고 그 물결을 잘 갈아타 온 사람들이 살아남은 것입니다. IT와 관련된 큰 변화란 다음과 같은 것입니다.

- **1960년대**: 컴퓨터의 상용화로 대규모의 계산 업무와 루틴 워크가 대폭으로 효율화 및 자동화되었다. 이로써 단순한 육체노동은 기계로 대체되고 그것을 활용 및 관리하는 방향으로 사람의 역할이 전환되었다.
- **1980년대**: '메인 프레임', '호스트 컴퓨터'라는 대형 컴퓨터의 시대에서 미니 컴퓨터, 오프 컴퓨터, 퍼스널 컴퓨터와 같은 소형 컴퓨터로 이행되어 이용자의 폭이 확대되었다. 이로써 IT의 상용 영역이 더욱 확대되어 IT를 전제로 한 사회 기반이나 사업 기반이 구축되어 갔다.

- **1990년대**: 인터넷의 등장으로 지역이나 기업을 초월한 비즈니스나 사람이 연결되어 협조 및 연계할 수 있게 되었다. 이로써 우리의 일상이나 사회는 그물망과 같이 연결되어 세계는 플랫화 그리고 오픈화되어 새로운 사회 질서나 비즈니스의 상식을 낳았다.

IT는 각 시대의 상식을 바꿔 왔습니다. 2000년대에 들어서 IT가 상식을 바꾸는 사건이 계속 일어나 폭발적인 변화를 낳고 있습니다.

■ '사용법'이 바뀐다

클라우드의 등장으로 컴퓨터의 구입이나 시스템의 개발과 같은 수단에 큰 돈을 지불하지 않아도 다양한 비즈니스 가치를 서비스로 직접 손에 넣을 수가 있게 되었다.

■ '소재'가 바뀐다

스마트폰이나 가전제품, 자동차나 주택 등에 센서나 컴퓨터가 내장되어 인터넷으로 연결되어 현실 세계의 모든 사건이 디지털 데이터로써 파악되려고 하고 있다. 또한 인터넷 너머에는 수백만 대의 컴퓨터가 '클라우드'로 존재해서 우리의 일상이나 비즈니스와 깊이 관여하고 있다.

■ '사람의 역할'이 바뀐다

인공지능이나 로봇의 진화는 '사람밖에 할 수 없었던 일'을 기계로 대체하고 '사람은 할 수 없었던 일'을 실현시켜 준다. 사람은 지금까지의 역할을 잃고 새로운 역할을 해 나가야 한다.

이와 같은 사건이 동시에 진행되며 폭발적인 스피드로 변화하고 있습니다. 그 이유는 3장에서 설명했듯이 클라우드와 인터넷의 등장에 의한 '실패 부담의 격감'과 '오픈화'에 있습니다.

낮은 비용으로 컴퓨터나 네트워크를 사용할 수 있게 됨으로써 실패 부담이 격감하여 실패를 두려워하지 않고 시행착오를 되풀이할 수가 있게 되었습니다. 실패 횟수가 늘면 성공의 횟수도 늘어갈 것입니다. 또한 오픈으로 데이터나 소프트웨어가 제공되는 시대가 되어 다른 사람의 경험이나 지견을 이용하여 새로운 조합을 만듦으로써 이노베이션이 일어나기 쉬운 시대가 되었습니다. 그것이 지금의 폭발적인 변화를 낳고 상식을 바꾸는 원동력이 되고 있습니다.

물론 그런 이노베이션을 지지하는 테크놀로지는 어떤 시대에나 요구가 있었기 때문에 세상에 받아들여져 정착되어 왔습니다.

지금까지 없었던 완전히 새로운 테크놀로지가 등장해도 시대의 요구에 받아들여지지 않는다면 저절로 잊혀져 갈 뿐입니다. 그러므로 지금 화제인 IT나 그 주변에서 일어나는 사건을 이해하려면 '그것이 어떤 요구와 연결되어 있는지'를 생각하고 규명하려고 노력해야 합니다. 그러면 그 의미나 가치를 이해할 수 있을 것입니다.

더욱이 자신이 직면한 현실의 문제나 요구와 연결시켜 '이를 해결할 수 있는 최적의 테크놀로지는 무엇일까?' 하고 연구해 보는 것입니다. 그러면 IT가 좀 더 자신과 가까운 것이 될 것입니다.

변화는 앞으로도 계속되어 갈 것입니다. 그 변화와 계속 마주하기 위해서는 멈춰 서지 말고 시대의 요구와 IT와의 관계를 모색하고 시행착오를 반복하는 것입니다. 그런 노력을 계속하면 분명 여러분은 IT를 내 편으로 만들 수 있게 될 것입니다.

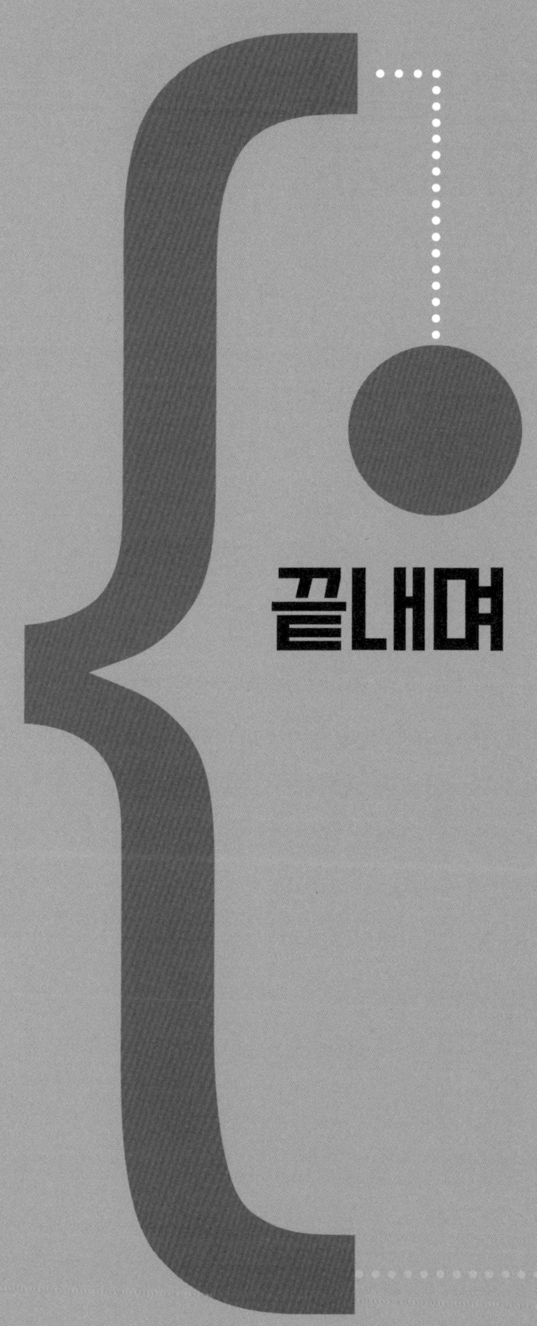

끝내며

비즈니스와 IT의 벽을 허물고 미래를 만들어라

'IT는 전문가에게 맡기고 있습니다'

경영자나 업무 담당자로부터 이런 말을 자주 듣습니다. 이 말은 두 가지 의미로 해석할 수 있습니다. 하나는 '시스템 개발이나 구축에 대해서는 전문가에게 맡기고 있다'이고, 다른 하나는 'IT는 어려울 것 같아서 생각하는 것을 피하고 있다'입니다. 전자의 경우는 이해할 수 있으니 이쪽이 더 나을지도 모릅니다. 하지만 만일 후자의 경우라면 그것은 크게 잘못되었습니다.

필자가 이 책에서 전하고 싶었던 것은 '비즈니스와 IT가 하나가 되어 가고 있는 지금 이 둘을 따로 나눠서 생각하는 것은 이미 현실적이지 않다' 그래서 '경영자나 업무 담당자가 IT에 다가가 이해하려는 노력이 필요하다'는 것입니다. 물론 IT 전문가도 경영이나 업무에 좀 더 발을 내딛기를 바랍니다. 즉, 그저 지시받은 것만 하는 것이 아니라 경영이나 업무를 이해하고 경영이나 업무의 변혁, 새로운 비즈니스의 창출을 적극적으로 제안하기 바랍니다.

'업무는 내가 정하니까 IT 담당자는 시키는 일만 하면 된다'
'업무는 모르니까 그쪽에서 먼저 정해주세요'

그런 벽을 허물고 하나되어 자신의 미래를 만들어 가는 것이 중요합니다.

이 책을 집필하게 된 배경을 설명하자면 지금까지 〈시스템 통합 붕괴〉, 〈시스템 통합 재생 전략〉과 같은 저서와 강연을 통해 IT를 생업으로 하는 기업의 과제를 지적하고 그 대처 방법을 제안해 왔습니다. 이 책에서도 설명했지만 IT가 지금까지의 상식을 붕괴시키고 새로운 상식으로 덮어쓰고 있는 지금 '스스로 바뀌지 않으면 앞으로의 시대를 살아남을 수 없다'고 경종을 울려 온 것입니다. 하지만 말로는 이해해도 실천에 옮기지 않는 기업이 많습니다. 그 이유 중 하나가 '고객이 바뀌지 않으므로'입니다.

고객이 IT와 어떻게 관계하는지가 바뀌지 않으면 고객에 대한 기대도 바뀌지 않으며 의뢰하는 일도 바뀌지 않습니다. 지금까지와 같은 수요가 있는데 무리해서 위험을 감수하면서까지 자신을 바꿀 동기가 생기지 않는 것입니다. 하지만 그런 현 상황에 맡겨 버리는 방법은 머지않아 시대에 뒤처져 경쟁력과 존재가치를 잃어 버리게 될 것은 불보듯 뻔합니다.

사실은 IT 사업자가 고객에게 비즈니스의 변혁을 촉구하고 시대의 흐름을 가속시킬 역할을 해주기를 바랄 정도입니다. 하지만 그런 일이 가능한 기업은 한정되어 있습니다. 그렇기 때문에 더욱 이런 현실을 방치하고 수요와 공급의 축소 균형이 더욱 진행되면 마침내 한국은 세계에서 뒤처져갈 것입니다.

그래서 IT를 잘 알지 못하는 이른바 'IT 음치'를 시인하는 경영자나 업무 담장자의 인식을 바꾸고 IT의 매력과 가치를 사용자의 시점에서 이해하도록 하기 위해 2015년에 〈그림 한 장으로 보는 최신 IT 트렌드〉를 출판하게 된 것입니다. 하지만 유감스럽게도 이 책은 IT 전문가의 시선에서 벗어나지 못하고 오히려 IT를 생업으로 하고 있는 여러분의 '최신 IT 트렌드의 교과서'로 평가받는 결과를 낳아버렸습니다.

전작의 문제는 비즈니스의 과제 및 요구와 테크놀로지의 관계를 잘 설명하지 못했던 데 있습니다. '테크놀로지의 의미와 구조를 이해하기 쉽게 전달'하는 데에 역점을 둔 '비즈니스의 과제나 요구 등을 어떻게 해결할 수 있을지'에 대한 설명이 부족했던 탓입니다. 이런 사실을 겸허히 받아들여 '사용자의 시점'에 다시 서서 이 책을 집필하게 되었습니다.

이런 의도대로 집필이 되었는지 독자 여러분의 평가와 비판을 부탁드립니다.

이 책을 매듭지으면서 편집을 맡아주신 기술평론사의 Den Tomoyuki 씨를 언급하지 않을 수 없습니다. 2014년에 출판된 첫 저서 〈시스템 통합 붕괴〉 이후 이 책까지 4권의 편집을 담당해 주셨습니다. 편집자라는 입장을 충분히 살려 '이걸로는 전체 흐름을 알 수 없다', '내용이 모순되었다', '똑같은 이야기가 반복되었다' 등 갖은 비판을 하면서 저의 집필 의욕을 깎으려고 집요하게 몰아붙였습니다. 하지만 그런 지적들은 모두 정확한 것들이라 반론의 여지가 없었으며 정신을 차려보면 그 지적에 따를 수밖에 없는 상황에 몰렸습니다. 덕분에 구성을 몇 번이나 재편성하고 내용도 재검토하게 돼서 철야의 날들을 보냈습니다. 가끔은 '흠 이건 읽기 쉽군'하며 칭찬을 받기도 했습니다. 어떻게 보면 완벽하게 그의 작전에 말려 들어간 것입니다. 하지만 '마감'에 있어서는 엄격하지 않았던 것이 그중 다행이었습니다.

그렇게 만들어진 책이지만 잘못된 내용이나 얕은 견식은 모두 제 개인의 책임입니다. 그런 지적은 블로그의 코멘트나 페이스북에 투고하여 많은 사람들이 공유할 수 있었으면 좋겠습니다.

IT가 지금까지의 상식을 붕괴시키고 새로운 상식으로 바꿔 쓰려 하고 있습니다. 비즈니스는 IT와 하나되어 이 둘을 나눠서 생각할 수 없는 시대로 들어섰습니다. 이런 시대에 'IT는 모르겠다'는 변명은 통하지 않습니다.

그런 변명을 하지 않도록 되도록이면 꼭 이 책을 활용해 보기 바랍니다.

– Saito Masanori

저자 프로필

Saito Masanori

NetCommerce 주식회사 대표이다.

1982년 일본 IBM에 입사하여 영업부에서 도쿄증시 1부 상장 전기전자 관련 기업을 담당하고 그 후 영업기획부로 옮겨 재직한 후 퇴사하였다.

1995년 NetCommerce 주식회사를 설립하여 대표로 취임하였다.

산학연계 사업이나 벤처기업 창업 프로듀스, 대규모 IT 솔루션 및 제조 업체의 사업 전략의 책정, 영업 조직의 개혁 지원, 인재육성 및 비즈니스 코칭, 사용자 기업의 정보 시스템 기획 및 전략 책정 등에 종사하였다.

IT 관계자로 구성된 재해 자원봉사 단체인 '일반사단법인 정보지원 레스큐단'의 대표 이사이다.

그 외에 〈그림 한 장으로 보는 최신 IT 트렌드〉, 〈시스템 통합 재생의 전략〉, 〈시스템 통합 붕괴〉(모두 기술평론사 간행) 등의 저서, 잡지 기고, 취재기사, 강의 및 강연 등 다수 활동을 하고 있다.

홈페이지: http:// netcommerce.co.jp
블로그: http://www.netcommerce.co.jp/blog
트위터: @Takamaro
페이스북: https://www.facebook.com/solution.sales
IT 비즈니스 프레젠테이션 라이브러리 LiBRA: http://libra.netcommerce.co.jp

ㅇ

ㅈ